ミライへつなぐ ロジスティクス

ミナミと学ぶ持続可能な世界

秋葉淳一　藁科譲　水野博之　村松靖

みらい PUBLISHING

はじめに

皆さんは「物流」という言葉を聞いて、どのようなイメージをもたれるでしょうか？ネット通販で頼んだ商品が自宅に届けられる「宅配」はいまや身近な存在です。町中のコンビニエンスストアに商品を運んでくる小型トラック、あるいは高速道路を走る大型トラックといったイメージもあるでしょう。さらに、貨物列車や船に積み込まれる大きなコンテナを想起される人もいるかもしれません。

とはいえ、あえて意識しなければ「物流」のイメージは具体的に浮かびにくい、という人がほとんどではないでしょうか。物流が世間から注目されるのは、残念ながらネガティブなニュースのときがほとんどなのです。

例えば、長距離トラックのドライバーが、過酷な労働条件などから人手不足になっており、このままでは日本の物流網が維持できなくなる、という懸念は以前から指摘されていました。また、ネット通販（ＥＣ）の需要拡大による宅配便の物量増加で、物流現場がキャパシティオーバーを起こす「宅配クライシス」が話題になったのは２０１７年のことです。新型コロナウイルス感染拡大による「巣ごもり需要」の拡大で、荷物の数は爆発的に増え、宅配クライシスはさらに深刻化していることも報じられています。

物流とは、人間の身体でいえば血液のようなものです。

血液が正常に流れているときは、誰もその存在を意識しません。しかし、血管がつまると脳梗塞や心筋梗塞、血管が破れれば脳出血などといったかたちで、人体に多大なダメージを与えてしまいます。そうした症状が出て初めて「普段からもっと健康に注意しておけばよかった」と気がつくのが、人間のかなしい性です。

実は日本の物流も、いまや限界ギリギリのところまで来ているのです。社会の変化でどこかに圧力が加われば、とたんに機能不全に陥ってしまう。コロナ禍でトイレットペーパーが店頭から消えた騒動はまさにその象徴でした。

私たち消費者がおくっている当たり前の日常は、普段その存在が意識されない物流によって支えられているのです。

一方、物流は大いなる可能性を秘めたフロンティアでもあります。

ビジネスにおいて軽視されがちな物流を、付加価値を生む源泉だと発想を転換し、業績を飛躍的にアップさせた企業もたくさんあります。アマゾンはまさに物流を握ることで世界的企業になりました。日本でも、ユニクロ、ニトリ、ヨドバシカメラ、トラスコ中山といった先進的な企業が、物流の分野から大きな改革を進めて成長を続けているのです。

現在の物流は、ＡＩ（人工知能）、ロボット、ドローン、ビッグデータ、ＩｏＴ（モノのインターネット）といった、第４次産業革命（インダストリー４・０）を象徴する技術群によって、効率化と自動化がすさまじいスピードで進んでいます。物流が、経済の最先端を引っ張っていく時代が来たのです。

これからは、物流を単なる「モノの流れ」「モノを運ぶ作業」として終わらせるのではなく、企業の経営戦略と直結した「ロジスティクス（物流戦略）」として再認識する必要があるのです。

本書は、「自分のやっている仕事を家族や友人に理解してもらうのが意外と難しいんだよね……」という物流・ロジスティクスの分野で働く方々の声に少しでも応えられないかと思い立ち、出版の準備を進めてきました。

物流を学ぶための書籍はこれまでにもたくさん出ていますから、理論や概念の細かい説明などはそうした先行書籍に譲ろうと思います。

本書は物流の「超・入門書」として、物流をより身近に感じ、そして希望あふれるイメージをもってほしいとの意図で、各章の前半に現実に即したストーリーを入れる構成にしました。

大学生のミナミが、様々な出会いを通じて、物流の仕組みを知っていきます。それは単に物流の果たす機能を学ぶだけでなく、人々の日常を支える価値と、未来への大きな可能性、そこで働く人々のプライドを受け止め、ひとりの人間として成長していくストーリーです。そして同時に、ロジスティクスという視点から、経済と世界の「未来地図」をのぞいてみようとする試みです。

読者の皆さまも、ぜひミナミと一緒に、経済の壮大なフロンティアである物流・ロジスティクスの世界を、ワクワクしながら楽しんでいただければ幸いです。

なお、本書のストーリー部分はフィクションであり、登場する人物や団体等に特定のモデルは存在しません。また、本編でもふれていますが、「物流」と「ロジスティクス」の意味は本来違います。しかし、ふだんの生活や企業活動において、このふたつの言葉は混在して使用されており、読者の読みやすさの観点からも、同様の扱いとしています。

目次

第2章　配送ドライバーのつらい現実
──宅配危機と「ラストワンマイル」

第3章 便利なネット通販とダンボールの山
——持続可能な物流のかたち

第4章 モノが届けば、まちはよみがえる
——物流は地域再生の「ハブ」

第5章　「物流」と「ロジスティクス」はどう違う？
――経営戦略を左右する存在へ

第6章　人間とロボット、どっちが有能？
――自動化と省人化は実現するか

第7章 物流で働く「プライド」はどこにある
――高度物流人材と物流の未来

プロローグ　トイレットペーパーはなぜ消えた？

◆01

［ストーリー］ミナミ、突然モノが買えなくなる

〈マスク売り切れ〉

〈トイレットペーパー売り切れ〉

〈アルコール液　消毒ジェル　売り切れ〉

黄色い紙に赤の太字で仰々しく書かれた文字が、ドラッグストアの店頭に何枚も貼りだされていた。ブリーフケースを手にしたビジネスマンや、買い出し用の手押し車を引いた高齢の女性など、年齢も身なりもバラバラな客たち。みな一様に、しばらくは店内に目をやっていたが、やがて諦めたように重い足取りで立ち去っていく。すぐ隣のコンビニに、「ピーッ、ピーッ」と合図をしながら配送トラックがバックで駐車しようとしていた。

（やっぱり、ここもダメか……）

青山ミナミは小さくため息をつくと、背負っていたライトベージュのリュックを肩からおろしてスマホを取り出す。画面を見ると時刻は午前9時25分。開店から30分も経っていないのに、目当ての品は全部売り切れていた。すぐにルームメイトの水原ユキにスマホのメッセンジャーアプリからメッセージを送る。

〈バイト前に池袋でドラックストア何店か覗いてみたけど、どこも全然ダメ！　ユキのほうはどう？〉

すぐにユキから返信が届いた。

〈ミナミおつかれ！　新大久保のコリアンタウンにマスクがあるってツイッターに出てた。ネトゲで知り合ったメンズがあのへんに住んでるっぽいから、聞いてみてるところ～〉

ユキらしいな……とミナミはスマホの画面を見ながらマスクの下で微笑んだ。一日のほとんどを自室のパソコンの前で過ごすユキ。冷静で頭脳明晰だが、リアルに人と会うよりも、SNSやネットゲームでの交流が楽しいタイプだ。でも、ここぞというときの判断は早いし、そして間違えることがほとんどない。ミナミにとってユキは、頼りになる知恵袋だった。

ミナミとユキは東京都内にある学教館大学に通う大学生で、この4月に3年生になったばかり。ミナミは経済学部経営学科、ユキは理学部数学科である。学部にかかわらず履修できる大学1年次の教養ゼミで一緒になったことで仲良くなり、2年に進級するタイミングでルームシェアを始めた。それからもう1年が経とうとしている。

ふたりが大学3年生になり、いよいよ将来の進路を真剣に考え始めた矢先――。

2020年春、新型コロナウイルス（COVID―19）の感染拡大で、世界は一変した。

中国の武漢で最初の新型コロナ感染例が報告されたのは2019年末のこと。あれからわずか4カ月。瞬く間にウイルスは世界中に広がってしまった。アメリカではすでに数十万人の犠牲者が出ている。日本でも、国内での陽性患者数はすでに2000人を超えたと報道されている。グローバル化した世界では、ヒトとモノとカネが国境を越えて往来する。感染症もまた、グローバリズムの波に乗って世界を覆ったのだ。

新型コロナ感染拡大により、にわかにクローズアップされるようになったのが「新しい生活様式（ニューノーマル）」であった。一人ひとりが行う基本的な感染対策として推奨されたのが、「身体的距離の確保」「マスクの着用」「手洗い」の3点である。さらに、密集・密接・密閉という「3密」の回避も喧伝された。

日常生活も大きく様変わりした。

買い物はネット通販で済ませるのが基本。実店舗に出向く際も、1人または少人数で、空いている時間帯に行くようにしている。人が集まると「3密」を招くということで、音楽や演劇などといったイベントの中止も相次いだ。スポーツ界にも影響は及び、例年なら3月末に開幕するプロ野球のレギュラーシーズンも、延期されたままである。そして今年の夏に予定されていた東京オリンピックも、延期や中止といった意見がメディアを騒がせていた。

公共交通機関の利用も控えるようになった。幸い、ミナミとユキが借りている神田川沿いのマンションは、大学がある目白からも自転車で10分と少しの距離にある。ミナミのアルバイト先がある池袋にも20分程度で、大きな影響はなかった。

ミナミはお気に入りのスニーカーとジーンズにリュックを背負って、都内をウォーキングするのが趣味になりつつあった。春の心地よい日差しを浴びて小1時間も歩けば、大学もバイト先も、必要な場所にはどこでも行くことができる。「3密」を避けられて、ダイエットにもなるから一石二鳥だった。もっとも、都内をウォーキングしていると次から次へと美味しそうなスイーツやパンの店が目に入り、ついついテイクアウトしてしまうので、後者の効果はなかなか上がっていないのだが……。

だが毎日、満員電車に乗って通勤している首都圏のビジネスパーソンにとって、「3密」を回避するといっても現実的ではなかったのだろう。これまでなかなか普及しなかった時差通勤、あるいはテレワークやオンライン会議といった働き方の改革が、コロナ禍で一気に進みつつあるのは、不幸中の幸いとでもいうべきだろうか。

ミナミにとって何よりも辛いのが、友達同士で集まってワイワイ話しながら食事をしたり、お酒を飲んだりするのも、感染症対策の観点から避けるべき行動と決めつけられてしまったことである。テレビで専門家が「食事のときには料理に集中して、会話は控えめに」と言っていたが、おしゃべりもせず食事をして何が楽しいのだろうか。ミナミにはまったく理解できなかった。

だが「マジでウチ、陰キャなので」と自分で言っているユキは、そんな新しい生活様式が性に合っているらしい。「面倒な飲み会の誘いがなくなってせいせいしてる」と、ことあるごとに口にしていた。

そして、新しい生活様式によって需要が増したマスクは、いま都内のどこに行っても品薄なのだった。備蓄のマスクもそろそろなくなりそうなので、ミナミとユキは手分けをして探していたのである。

ユキからまたメッセージが届いた。

〈マスクとトイレットペーパー、新大久保にて調達完了！　明日には届けてくれるって〉

すぐさまミナミは返信しようとする。

〈さっすがユキ！　ネトゲ人脈、ハンパないね～〉

と、ここまでテキストを入力して、ふと疑問が頭をよぎった。

〈コロナ対策で、マスクや消毒液が足りなくなるのはわかるけど、なんでトイレットペー

パーまでなくなってんの？　関係なくない？〉

スマホを操るミナミの指が止まった。コロナと、トイレットペーパー。どういう関係があるのか？　ユキなら知ってるだろうか？　メッセージの最後に疑問を付け加えて送ると、即座に返信があった。

〈拙者にもわからんでござる！〉

さすがのユキにも、トイレットペーパーが消えたからくりはわからないようだった。

もうすぐ新学期だ。大学の授業が始まったら、ゼミの指導教官である秋山教授に質問してみよう。ミナミは忘れないようにスマホにメモを入力すると、先ほどマスクが買えなかったドラックストアを振り返った。

売り切れを示す貼り紙の周囲には、

〈ＳＡＬＥ！　蒸気アイマスク　８８０円〉

〈超特価！　育毛トニック２本パック　７９８円〉

〈メンズボディソープ　２９８円〉

……などといった文句が白々しく並んでいた。店頭にも店内にも数えきれないほどいろいろな商品が溢れている。開店したというのに、まだ棚への陳列が終わっていない商品のダンボール箱もいくつか置いてあった。

ただ、みんなが「いまほしいモノ」だけが、品切れで手に入らないのである。

マスク、トイレットペーパー、消毒ジェル……。いままで生活の中で当たり前のように使っていた消耗品が、こんなにも入手できない日が来るとは、誰が予想しただろうか。

ミナミはもう一度スマホを手に取ると、メッセンジャーアプリを開いた。宛先は、実家で一人暮らしをしている父の隆司だ。

〈お父さん、マスク買えた？　ルームメイトがまとめてゲットしてくれたから、トイレットペーパーと一緒に今度宅配便で送っとくね！　ミナミ〉

ミナミが送信したメッセージは、すぐに「既読」のシグナルがついた。でも、返信が来るのはまだしばらく経ってからだろう。隆司がスマホに機種変更したのは、今年の正月にミナミが帰省したときのこと。まだ完璧に使いこなしてはいない。メッセージを送っても、その返事は翌日に返ってくればいいほうだった。

（ま、世の中ではいろいろ起こるけど、毎日やるべきことをやるしかないわね。とりあえず目の前のバイトだ！）

元来、切り替えは早い性格である。ミナミは手に提げていたリュックを背負い直すと、バイト先の店舗がある池袋の駅ビルへ、跳ねるような足取りで歩き始めた。

第1章　アパレルのセール品「80％オフ」って安すぎ？

——消費者にモノが届くまで

[ストーリー]◆02 ミナミ、物流の大切さに気づく

ＪＲをはじめ、複数の私鉄や地下鉄が乗り入れる山手線屈指のターミナル駅・池袋。オープン前でまだ空いていない駅ビルの正面入口を通り過ぎ、裏手にある通用門をめざして、ミナミはわき目もふらず大股で歩く。

ミナミのアルバイト先である〈ＮＯＢＬＡＮＤ《ノブランド》〉、通称〈ＮＯＢ《ノブ》〉は、駅に直結した12階建ての百貨店ビルの、１階と２階にテナントとして入っている。

ＮＯＢはその名の通り、「Ｎｏ《ノー》　Ｂｌａｎｄ《ブランド》」という理念を掲げてスタートした、商品開発とその小売店舗を展開する会社である。バブル経済真っ盛りの１９８０年代に、あえて「ブランド名がなくても安い商品こそ消費者のためになる」というコンセプトを掲げ、独自の存在感を確立した。

以来、ＮＯＢは衣料や生活雑貨を中心にどんどん取り扱いアイテムを拡充し、いまでは家具や食料品、さらには住宅までも販売している。シンプルで無駄を省いたライフスタイルや世界観を提示する商品群となったのだ。

ミナミは高校時代から、NOBのノートや筆記用具、さらに机周りを整理するポリプロピレン製のファイルボックスなどを愛用していた。ゴテゴテと余計な飾りつけのないデザインは、いつも手に届くところにあるとリラックスできたのだ。

同じような感覚をもつファンは多いらしく、ルームメイトのユキと仲良くなったのもNOBの話題で盛り上がったことがきっかけだった。ふたりの住む2DKのマンションは、NOBのカラーボックスやソファ、テーブルなどでコーディネイトされている。

全国展開されている店舗のなかでも池袋店は、旗艦店に位置づけられる大型店舗である。大学のある目白から山手線で1駅だったこともあり、ミナミは入学後すぐにこの店でバイトを始め、もう2年になる。

スチールの無機質な扉を開けて、事務室へ入る。入口に備え付けられた消毒ジェルを両手に付けながら、ミナミは元気にあいさつした。

「おはようございまーす！」

奥のデスクで、パソコンで作業していた店長の相原が、その声に気がついて振り向く。

「やあ、おはよう。青山さん、連日おつかれさま。春休みは学生さんが地元に帰っちゃったりしてシフト組むの大変だから、青山さんみたいなベテランが入ってくれると助かるよ」

相原は三十代半ば、本社採用の正社員だそうだ。池袋店のような大型店舗を任されるのだから、会社からの信頼もあるに違いない。ただ噂では、この池袋店の売上も芳しくはないらしい。ＮＯＢの問題というより、百貨店まで実際に足を運ぶお客さんが減っているのだ。

「店長こそ、連日おつかれさまです！　私のほうも今年から就職活動で何かとお金がかかりそうだから、稼がせてもらって感謝です〜。ところで、何を打ち込んでいたんですか？」

好奇心旺盛なミナミは、気になることがあるとすぐになんでも質問してしまう。実家にいたころは父の隆司から「お前、もう少しわきまえろよ」などと小言をくらっていたが、ミナミは自分の長所だと思って直す気はさらさらなかった。

「ははは、青山さん、相変わらず鋭いね。本当はバイトさんに言う話じゃないんだけど」

こう前置きしたうえで、相原は続けた。

「うすうす感じているかもしれないけど、うちの店も売上が頭打ちでね……。これは池袋店だけの問題じゃなくて、リアルな店舗に足を運ぶお客さんが減っているんだ」

「そうですか……。ましてこのコロナ騒ぎですからね。なんでも、緊急事態宣言とかいうのが出されたら、デパートとかの商業施設も休業する、って聞きました」

百貨店のビルが閉鎖されれば、テナントのＮＯＢはもちろん営業できない。そうなるとバイトもできないし、家賃の支払いも厳しくなる……。マスクやトイレットペーパーの売り切れもそうだったが、20年間生きてきて初めて、ミナミはいままで遠く感じていた政治や経済のニュースを「自分ごと」として捉えるようになっていた。

「そうそう。だから会社的にもネットストアに、これまで以上に力を入れ始めている。いまやっていたのは、ネットストア用のセール品リスト更新なんだ。もっともこのセール品リストは、実店舗でも共通して使用するけどね」

「たしかに、私もいまは、洋服とか靴もスマホから注文しちゃいますからね……」

そこまで言うと、ミナミの頭にまた疑問が浮かんだ。

「店長、セール品って、なんであんなに安いんですかね？　もちろん買うときはお得でうれしいんですけど……。お店からしたら、超もったいなくないですか？」

口にしてから気がついたが、それはミナミがかねてから気になっていたことだった。

ＮＯＢのセール品はせいぜい20〜30％オフがいいところだが、同じ百貨店に入っている若者向けファストファッションのブランド〈ＺＡＦＬＡ《サフラ》〉などでは、シーズンの変わり目には70〜80％オフのセール品が並んでいる。大学の友達のあいだでも、ＺＡＦＬＡのお得なセール情報がよく回る。ミナミにとっても服のレパートリーを増やすのにＺＡＦＬＡのセール品はありがたい存在で、こまめにサイトをチェックしている。

「あ、それはね……」

相原が何か言おうとした瞬間、

「おはようございまーす！」

それをかき消すように大きな声が重なり合って聞こえてきた。事務室の扉を開けてアルバイトが数人、連れ立って入ってくる。ふと時計を見ると、もう開店の10分前だった。

「店長お時間とっちゃってすみません。じゃあ私、フロアに出ますね！」

ミナミはそう言うと、他のバイトに先駆けて、木目調のインテリアで統一されたNOBの売り場へと早足で歩きだす。その頭の中では、「セール品はなんであんなに安くても大丈夫なのか？　ゼミで秋山先生に聞いてみる」が、やることリストに書き加えられていた。

◆03

目白駅から目と鼻の先に、伝統ある学教館大学の西門がある。明治時代に産声を上げたこの学舎は、いまでも独特の高貴さをまとう。緑に包まれた静謐な空間に、歴史の風雪に耐えた図書館や講堂が佇んでいる。ケヤキ並木が風に揺れ、さわさわと音を立てる新緑の葉の隙間から、春の日差しが注ぎこむ。ミナミはこの大学がもつ雰囲気がたまらなく好きだった。

新学期を迎え、例年ならサークルの勧誘活動などで賑やかなキャンパス内もいまは静かだ。新型コロナへの対応は大学によってまちまちで、新学期開始を延期したところもあった。

学内でも、通常通りの対面授業、オンライン講義、あるいは開始時期を延期する科目などが混在していた。大学の教務課からのアナウンスをチェックすると、大教室で百人以上が集まるような授業は休講になったが、ゼミは当面のところ対面で実施するという。

ミナミがいる経済学部経営学科は、3年次からゼミの履修がスタートする。専攻テーマは「シェアリングエコノミー、ロジスティクス、企業経営」、担当教授は、秋山紳一郎だ。秋山は、1年次にミナミがユキと出会った教養ゼミ「企業分析」の教授でもあった。複数の企業経営の経験を買われて教鞭を執るようになった秋山の授業は非常に実践的で、大学受験で知識を詰め込むだけの勉強しかしてこなかったミナミには刺激的だった。

ある企業を分析する課題が出て、ミナミはネット検索して集めた情報を見栄えの良いプレゼン資料にまとめて提出した日があった。「これで課題はOKだろう」とたかをくくっていたら、秋山からいきなり「じゃあ、この会社の魅力を、僕にM&A（企業の合併・買収）を決断させるつもりで説明して」と言われたときの驚きは忘れられない。

ミナミはしどろもどろになってまともな説明もできなかったのだが、その日以来、「自分の頭で考えて、腑に落ちるまで突き詰める」ということを忘れないようにしている。

キャンパス中心部にある経済学部棟へ急ぐ。ミナミが8階にあるゼミ室のドアを開けると、すでにゼミ生の一人、関本アタルが、秋山教授と何やら話している様子だった。

「えっ、秋山先生、鈴鹿でエンデューロの8時間レースに出たことあるんですか？　それ、めっちゃアツいっすね！」

「ああ、去年出たよ。あのときはマジできつかったよ。『レース終わったらビール飲むぞ、ビール飲むぞ』って、頭の中はこれだけ考えながらペダルを漕いで、ヘロヘロになりながら完走したけどな～。おっ、青山さん、久しぶり。元気だったか？」

どうやらふたりは共通の趣味である自転車談義で盛り上がっていたようだ。秋山は数十万円もする本格的な自転車でレースに参加したり、あるいは海釣りやゴルフなど、幅広い趣味をもっていた。やはり学者というより、アクティブな経営者が秋山の本質なのだろう。

アタルはインド人IT技術者の父親と、日本人の母親の間に生まれた。「アタル」という名前は、「アタルヴァ・ヴェーダ」というインドの古い宗教経典から父親が付けたらしい。大きな四角いバッグを背負い、自転車でフードデリバリーをする〈フリーイーツ〉のバイトをしているが、新しいモノ好きのアタルは最新ガジェットを次々と買ってしまうので、いつも金欠だとぼやいている。最近は、いま話題の電動キックボードを買ったのだとか。

「秋山先生、こんにちは！　アタルも久しぶり～。コロナでゼミも中止かと思いましたが、開講してくれてよかったです」

ミナミが元気な声を出すと、秋山はちょっと困ったように応じた。

「そうなんだけどな〜。やっぱり、大学からも対面授業は控えるように言われちゃったんだ。たぶん、来週からは残念だけどオンラインゼミになると思う。今日も、実家に帰省していた子らからは『親から東京に行くなと言われました』って欠席の連絡が入ったよ。

そんなわけで今日は君たちふたりだけだから、ちょっと雑談でもするか。青山さんと関本くんは、この春休み、なんか変わったことあったか？」

◆04

秋山から軽く話を振られたが、これがなかなか油断ならないシロモノだとミナミはわかっていた。普段から周囲の人の行動を観察したり、使った商品やサービスについて評価をしたりすることで、ビジネスの生きたヒントが得られると秋山はよく話していた。何気ない雑談で発した一言から、思わぬかたちで経営学のレクチャーが始まることがよくある。

ミナミは、スマホに残してあったメモから、秋山への質問を早速ぶつけることにした。

「コロナになって困ったのは、マスクとかトイレットペーパーが、買えなくなったことですね。それで疑問だったんですけど、コロナでみんながマスクするようになって、マスクがなくなったのはわかるんですよ。でも、なんでトイレットペーパーまで売り切れたんですか？」

「あー、わかるわかる」

アタルもすかさず同意する。

「インド人の親父が不思議がってたね。『日本では何かあると、すぐトイレットペーパーがなくなる』って」

そんなふたりのやりとりを満足そうに眺めながら、秋山は話し始めた。

「青山さんがタイムリーでいいテーマを放り込んできたね。じゃあ、マスクとトイレットペーパーの話を考えてみようか」

そういうと立ち上がって、ゼミ室のホワイトボードに近づいた。

「マスクとトイレットペーパー。売り切れているのは同じだけど、その理由は少し違う」

ホワイトボードに、〈マスク〉〈トイレットペーパー〉という文字を左右に並べて書いた。

「『マスクがなくなったのはわかる』って青山さんは言ったよね。では聞くけど、なんでマスクはなくなったんだろう？」

やっぱりきたな……とミナミは胸の中でつぶやいた。何気なく発した一言を、秋山は聞き逃さないのだ。だが、そこを突っ込まれることはミナミも想定内だった。

「日本国内のマスクは、大部分が中国から輸入しているというデータを見ました。日本人だけじゃなくて、中国人もコロナでマスクをたくさん消費しているから、日本に輸出する余力がなくなったのが大きな原因ではないでしょうか」

ミナミの発言に、アタルも身を乗り出してきた。

「それは僕もニュースで見た。マスクの8割くらいが輸入なんだとか。日本は食料自給率も低いし、なんでも輸入に頼りすぎるのは、考えものですよね」

秋山はホワイトボードの〈マスク〉の下に〈生産側の事情〉と書くと、ふたりに向き直る。

「そう、マスクに関しては青山さんの言う通りだ。これまで中国からの輸入に頼りっきりだったのに、生産国の中国でもコロナで需要が急増しているのだから、日本国内で足りなくなるのは当たり前だな。今後、こうした医療用品や薬、そしてワクチンは、国際社会の力関係を決める大事な要素になるよ。大げさではなく、外交カードに使われるだろうね」

あっという間に、二歩、三歩と論理が展開して広がっていく。こういう話がきけると、ミナミは大学に来てよかったと思うのだった。

「私たちが当たり前に使っていたマスクが、外交のカードになるとか、これまでの常識では考えられないです……」

ミナミの言葉にうなずいていたアタルが、ふと思いついたように言う。

「えっと、じゃあ、トイレットペーパーも海外からの輸入が多いんですかね？」

アタルの問いに、秋山はミナミへ視線を向けてニヤッと笑う。

「どうだい？　青山さん、それくらいは調べてあるんじゃないかな？」

「もう、先生。私は単なる雑談のつもりで話したんですからね。でも、ネットで検索してみたら、トイレットペーパーは97％が日本製だって出てました！　だからなおさら、品切れになっている理由がよくわからないんです」

　それから、アタルとミナミはトイレットペーパー不足の理由を思い思いに話し合った。

ネット上で流れたデマによって消費者が買い占めに走った影響だ、コロナで稼働停止した製紙工場があったのかもしれない、日本人はパニックになるとトイレットペーパーを買いたくなる国民性なのか……などなど。

　秋山が笑い出す。

「おいおい、トイレットペーパーを買いたくなる国民性って、どんな国やねん？」

　そう言いながら、ホワイトボードの〈トイレットペーパー〉の文字の下に、〈生産者〉と書き、そして少し離して〈消費者〉と記した。

「答えが出ないようだからヒントをあげようか。いままで出てきたのは、生産者と消費者というふたつのセクターしかなかったよね。何か大事な存在を忘れているんじゃないかな？」

「大事な存在……」

　ミナミとアタルは顔を見合わせる。先に口を開いたのはアタルだった。

「お店？」

「ちがうちがう。もちろん無関係ではないけど、モノさえあれば、小売店に売らない理由はないだろう。トイレットペーパーを買いたい人はたくさんいるんだから、大儲けだ」

秋山がアタルにダメ出しするのを聞きながら、ミナミはふと、ドラックストアでマスクが買えなかったときの光景を思い出した。あのとき、すぐ隣のコンビニに、「ピーッ、ピーッ」と合図をしながら配送トラックがバックで駐車しようとしていた。

「あっ、そうか。配達、物流ということですか？」

「そう、正解！」

秋山が大きくうなずいた。

アタルはまだピンと来ていない様子である。

「物流ですか。コロナで物流センターが止まったとか、そういう話ですか？」

たしかにミナミも、物流という言葉は出したものの、それがトイレットペーパー不足にどうつながるのかはわかっていなかった。秋山が解説するのを待つ。

「トイレットペーパーって、基本的には高い値段の商品じゃない。12個入りパックで、安ければ500円といったところかな。そのわりには、けっこうかさばるんだよね」

秋山はそういうと、自分の胸の前で両方の手のひらを内側に向けるジェスチャーをした。

たしかに、トイレットペーパーの12個入りパックの横幅は、そのくらいかもしれない。

「だからトイレットペーパーは、作る人も運ぶ人も、そして売る人も、みんな薄利多売なんだ。特に物流の世界においては、『かさばる』というのはネックになる」

得心したようにアタルが言った。

「僕、それよくわかります。フリーイーツでも、一度のデリバリーでバッグに積み込める量は限りがありますから、値段が同じなら、小さくて軽い食べ物のほうが助かるんですよ」

「そう、それと同じだ。配送のトラックも積める荷物の量は限度があるから、安くてかさばるトイレットペーパーのような商品は敬遠される。だから、たいてい決まった業者が運んでいるんだよね。それは店舗でも同じ。特に都心の店舗には、かさばるトイレットペーパーを保管しておく場所がない。だから店に在庫を置いておくのではなくて、店頭で売れた分は、また次に配送トラックがきたときに補充するんだ」

秋山の解説を聞きながら、ミナミも徐々にわかってきた。たしかに、ドラッグストアやコンビニの店舗に大きな倉庫なんてない。だから配送のトラックが一日に何度もやってきて、商品を補充しているのだ。

「それって、けっこう綱渡りな感じですよね……」

ミナミが率直な感想を述べると、秋山も神妙な面持ちでうなずいていた。

「トイレットペーパーだけじゃない。日本の物流はいま、どの分野でもギリギリのバランスでなんとか維持しているといっても過言じゃないよ。今回のトイレットペーパー騒動は、ほんの一例だと思ったほうがいいかもしれないな」

時計を見ると、あっという間に1時間が経とうとしていた。話がひと段落したところを見計らって、ミナミが切り出す。

「実は私、最近もうひとつ疑問に思ったことがあって、ゼミで先生に質問するつもりだったんです。でもいまの話で、答えが半分くらいわかっちゃったかも！」

秋山もアタルも興味深そうにミナミを見た。

「もうひとつの質問は、『セール品の洋服はあんなに値下げして大丈夫なのか？』ということだったんです。ZAFLAなんて、シーズンオフは7～8割引きは当たり前ですからね。お店からしたらもったいないと思っていたんですけど……」

ミナミは一気に続ける。

「『都心の店舗には、かさばるトイレットペーパーを保管しておく場所がない』って先ほどおっしゃいました。洋服も、めちゃくちゃかさばりますから、売れ残ったアイテムを置いておく場所が店にはないんですよね。だから、たとえ8割引きでも、処分しちゃったほうが企業にとってはお得ということですよね？」

「その通り」

ホワイトボードの前から戻り、イスに腰かけて秋山はふたりに語り掛ける。

「一年中、需要があるトイレットペーパーと違って、アパレルのような季節ごとに新しいアイテムが出る業界では、在庫管理がきわめて重要になる。保管場所のコストがどれだけ負担になるかは、毎月の家賃支払いを考えたらわかるだろう？」

ルームシェアしているとはいえ、ミナミにとって毎月の家賃支払いは頭の痛い問題だった。

売れ残った商品のために余計な家賃を払うのは、企業だってイヤだろう。

「これからのビジネスは、物流という視点を抜きにしては語れない。企業の経営戦略にも物流が直結する時代で、先に手を付けた企業は大きく飛躍しているんだ。そして僕はその分野のプロだ。ということは、ふたりはいいゼミに入ったということかもね。はっはっは」

秋山の笑い声につられて、ミナミとアタルも笑い出したとき、授業の終わりを告げる大学歌のメロディが流れ始めた。

［解説］

物流が滞ると日常生活に大きな影響がある

新型コロナウイルスの感染が拡大した当初、ドラッグストアやスーパーの店頭から、マスクやトイレットペーパーの在庫が消えた光景は、まだ皆さんの記憶にも新しいのではないでしょうか。

マスクやトイレットペーパーの不足は一見、同じ現象に思われるかもしれませんが、背景にある問題は大きく異なります。

まずマスクについてです。コロナ禍以前の２０１９年度に国内で供給されたマスクのうち、日本製は全体の約23％しかなく、残りの８割近くは海外からの輸入に頼っていました（日本衛生材料工業連合会のデータより）。

輸入マスクの大部分が中国産です。中国・武漢に端を発した新型コロナウイルスの感染拡大によって、その中国でマスク需要が急増し日本へ輸出できなくなってしまいました。店頭からマスクが消えたのは、こうした生産側の事情が主因といえます。

一方、トイレットペーパーはどうでしょうか。２０２０年3月のデータでは、国内供給量のなんと97・7％が日本製でした。さらに原材料の内訳は国内古紙が約60％、輸入パルプ材が約40％ですが、この輸入先も北米や南米で、中国に頼っているわけではありません（経済産業省のデータより）。つまりトイレットペーパーは、生産面では新型コロナの影響をほとんど受けていなかったのです。

それではなぜ店頭から在庫が消えてしまったのでしょうか？

まず、インターネット上で「トイレットペーパーがなくなる」という間違った情報が流れ、消費者が買いに走ってしまった現象がありました。需要と供給のバランスが崩れたことで、その間をつなぐ物流に大きな負担がかかってしまったのです。

トイレットペーパーはかさばる商品であるため、小売店の側にも在庫を抱えるスペースがありません。特に都市部のスーパーやコンビニエンスストアではなおさらです。しかし、普段は供給が安定しているので、消費者が購入した分を日々の物流が補充することでカバーしてきました。

こうした物流のバランスが、新型コロナをきっかけとした需要の急増によって崩れ、輸送能力の限界を超えてしまいました。その結果、店頭から在庫が消えたのです。

しかしマスクと違い、トイレットペーパーは国内に十分な生産体制がありました。そのため、正しい情報が広まり、消費者のまとめ買い行動が落ち着くとともに、トイレットペーパーもまた普段通り店頭に並ぶようになったのです。

日本国内の物流は、様々な面でギリギリのバランスが保たれています。その一端が崩れてしまうと、消費者である国民の生活にも多大な影響が出てしまう。コロナ禍でのトイレットペーパー不足騒動は、そうした日本の危うい現実を露わにしたのでした。

物流の基本的な機能とは

経済は、「生産→流通→消費」という3つの活動で成り立っています。

生産者がつくったモノ（商品）が、それを欲する消費者のもとへ届けられて、お金と交換される。この生産と消費の繰り返しが経済活動の基本的なサイクルです。そのなかで、生産者と消費者のあいだを結ぶのが流通です。

流通は大きく、「商流」と「物流」のふたつに分けられます。

「商流」とは、売買に伴うお金の流れや、それに付随した交渉・契約・決済など、モノ以外のあらゆる流れを指します。「商流」に携わる卸売業や小売業は狭義の「流通業」とされ、ここに物流業も加えたのが広義の「流通業」という定義になります。

一方、「物流」とは何でしょうか。

日本産業規格（ＪＩＳ）によれば、次のように定義づけられています。

「物資を供給者から需要者へ、時間的及び空間的に移動する過程の活動。一般的には、包装、輸送、保管、荷役、流通加工及びそれらに関連する情報の諸機能を総合的に管理する活動」

簡単にいってしまえば、「モノ（商品）を、必要な時に、必要な場所へ、必要な量だけ運ぶ活動」が物流なのです。

物流には大きく分けて６つの基本的な機能があります。

①輸送……輸送機関（トラック、船舶、鉄道、航空機など）によってモノを移動する作業。
②保管……モノを品質や数量の保持といった適切な管理下で、ある期間、倉庫などにしまっておく作業。
③荷役……物流施設におけるモノの積卸し、運搬、積付け、ピッキング（集品）、仕分け、荷揃えなどの作業。マテリアルハンドリング（マテハン）ともいう。
④包装……モノの価値や状態を維持するため、適切な素材や容器などに収納する作業。パッケージングともいう。外装・内装・個装の3種類がある。
⑤流通加工……倉庫や物流センター、店舗などで、モノを加工する作業。
⑥情報システム……ＩＴ（情報通信技術）を用いて、受発注や保管、輸送などの管理を行

う作業。また物流の各機能の効率化や高度化を実現させる働きもある。

これら6つの機能は、それぞれが単独で存在しているのではありません。相互に深く関連し合い、複合的に作用しています。ある機能だけを効率化したことで、他の機能の効率が下がってしまうケースも珍しくありません。

物流全体をひとつのシステム、あるいは生態系として捉えていく視点が必要なのです。

主導権を消費者が握る「オムニチャネル時代」

従来は、「生産→流通→消費」という経済活動の主体の中でも、商品を作る生産者や、それを売る卸や小売が強い立場にありました。

消費者がモノを買おうとしたら、お店が開いている時間に行き、そのときに並んでいる商品の中から選択して買うしかできなかったわけです。カタログ通販やテレビショッピングがあったにせよ、そこで購入できる商品は非常に限られていました。

つまり長い間、「売る側＝供給側（サプライサイド）」に主導権があったのです。

ところが、インターネットの普及とスマートフォンの出現によって、地殻変動のような大きな転換が起きました。それが「オムニチャネル時代」の到来です。

オムニチャネルの「オムニ」とは、「あらゆる」「様々な」を意味する接頭語。「チャネル」とは「販売経路」を意味するマーケティング用語です。消費者がありとあらゆる販売経路を、シームレス（継ぎ目がない）に行き来してモノを購入できる時代になったのです。

オムニチャネル時代が到来するまでには、3つの段階がありました。

店舗やカタログ通販など、小売と消費者が一対一の関係だった「シングルチャネル」。店舗で購入していた商品がネットでも購入できるなど、売買の選択肢が増えた「マルチチャネル」。そして、ネットで購入して店舗で受け取るなど、チャネル間の横断が可能になった「クロスチャネル」という3段階です。

オムニチャネルの時代では、店舗、テレビショッピング、ウェブサイト、ネット通販、ソーシャルメディア、販促メールといった無数の販売経路を、消費者は自由に行き来できます。情報は一元化されているので、消費者は意識してチャネルを使い分けるストレスもありません。好きなタイミングで注文し、生活の中で都合の良いタイミングと場所で商品を受け取ればいいだけなのです。

オムニチャネル化はスマートフォンによって加速しました。わざわざ机の前でパソコンを立ち上げなくても、ベッドで寝転がりながら片手でネットにアクセスできます。デバイスの進化とネット環境の充実により、実物そっくりの画像や映像をスムーズに見ることもできます。いつでもどこでも、消費者が自由に商品を購入できる。いまや経済活動の主導権は、完全に「消費者＝需要側（デマンドサイド）」が握る時代となりました。

「売る側」の荷主と物流の関係

ところが、生産や流通といった「売る側」の人たちは、消費者に主導権が移ったというパラダイムシフトに対応できていません。

オムニチャネル時代が到来して、「オムニチャネル・リテイリング」という言葉が出てきました。「リテイリング」とは「小売（業）」ですから、「あらゆる販売経路で商品を売る」という意味合いになります。売る側としては、とにかくいろいろなチャネルを用意して、そこで消費者が便利に購入できるようにしようとしているのです。

消費者が利便性を感じるサービスを提供しようと、各社がしのぎを削っています。しかし、主導権を握っているのはあくまでも消費者です。ここに「ズレ」が生じているのです。

ネットでもリアルでも同じポイントが使えるようにする、お店で注文しても自宅に届けられるようにする、逆にネットで注文してお店で受け取れるようにする……。こうしたチャネルを充実させること自体はよいことです。

ただ、消費者はそのときの気分であらゆるチャネルを行き来します。消費者の行動に対して、売る側が後手に回りながら慌てて対応しているのが現実なのです。

例えば500ミリペットボトルの緑茶ひとつとってみても、コンビニエンスストアの棚には、5~10種類くらいの商品が並んでいるでしょう。

でも消費者の立場で考えるといかがでしょうか？

「緑茶が飲みたい」と思ってコンビニに行って購入することはあるでしょう。しかし「絶対にA社の緑茶を買おう」という明確な目的意識でコンビニに行くことは、まずないはずです。そこで仮に緑茶Aがなかったら、となりに並んでいる緑茶Bか緑茶Cを買うはずです。緑茶Aがなかったから、諦めて何も買わずに帰るという人は、相当レアな存在です。これが消費者の自然な購買行動です。

しかし売る側は「消費者のため」という名目のもと、実際には自社の都合で商品を送り込んできます。少しでも差別化しようと「うちは少し大きめの550ミリペットボトルにしよう」「わが社は景品がもらえるラベルを付けよう」といった具合です。

消費者は単純に「500ミリペットボトルの緑茶が飲めればいい」と考えてお店に来る。しかし売る側は、消費者にわからないような些細な差別化を繰り返して商品の種類が増え続ける。実は、こうした「ズレ」の影響を一番受けているのが物流です。なぜなら、消費される量は本来変わらないはずなのに、運ぶ商品の種類と量は増える一方だからです。

生産者と消費者のあいだを結ぶのが物流の役割です。そして多くの場合、運ぶ荷物を預ける「荷主」は生産者側です。ということは、物流業者にお金を払っているのは生産者側ですから、その意向は無視できません。

しかし繰り返しになりますが、オムニチャネル時代の主導権は消費者が握っています。それなのに主導権のない生産者の都合で荷物を運び、消費者の行動にも振り回される。物流業界はまさに「板挟み」の状態におかれているのです。

ボラティリティを物流がカバー

「消費者のため」といいながら、実際には「売る側」の都合で商品の種類と量は大きく変動します。このようなボラティリティ（変動性）の増減を物流サイドでカバーしている象徴的な例が、アパレルでよく見られる、大幅に値引きしたセール品です。

アパレル業界の人に話を聞くと、新商品を出しても、その服がヒットする確率は20％程度なのだそうです。どれだけ綿密にマーケティングをしても、その確率を上げることは難しい。

ところが、発売して2週間の初速を見れば、その後の売れ行きの予測は90％以上の精度で当たるといいます。

すると、売る側の心理としては「商品の生産量を決めるのはギリギリまで引っ張って、売れるか売れないかの見込みがついてから決めよう」となるのは、自然なことです。売れる見込みがあれば多く生産して売り伸ばし、売れる見込みがなければ少なめに抑えて在庫ロスをなくす。こうした理想的な在庫調整ができれば、企業の利益が最大化できるからです。

アパレルの中でも、流行のサイクルが短くて値段が手ごろな「ファストファッション」の分野では、こうした動きが顕著です。業界1位の〈ZARA〉のブランドをもつインディテックス社（スペイン）は、月2回の会議で方針を決め、2週間のサイクルで新しい商品を投入し、既存商品との入れ替えを行います。この短期間のサイクルで商品を回すことで、鮮度の高さを消費者にアピールできるのです。

その代わり、ZARAの商品は売り切れてしまえばもう手に入れることはできません。また、売れ残った商品はセールで8割引きにしてでも処分してしまうのです。

一方、業界3位の〈ユニクロ〉のブランドをもつファーストリテイリング社は、逆の戦略です。鮮度の高さを追求するのではなく、定番商品の比率を5割以上に高めて、「いつお店に行っても同じものが買える」という安心感を売りにしました。そのため、在庫切れを起こさないことが重要視されるのです。

短期間のサイクルで次々と商品を投入するビジネスモデルは、ZARAに限った話ではなく、多くの企業や業界で見られます。こうしたビジネスモデルは、物流の観点からするとなかなか大変です。運ぶ商品が違えば、形状や大きさ、重さも異なってきます。こうした変動に短期間で対応しなければなりません。

さらに、セールで商品の値段が安くなるとすれば、物流にかけられるコストも変わってきます。それまで航空便を使っていたのを船便に変えるなどの対応を迫られるでしょう。また、セール割引後の値段で消費者が購入できるように、新しい値札タグを付けなおすなどの作業も必要です。店舗にはそのようなスペースも設備もないですから、こうした作業も物流センターで行われるのです。

セールなどによる価格の変動に対応する人員やコストの多くは、物流にしわ寄せがきてしまう構造になっているのです。

経営戦略としてのサプライチェーン・マネジメント

人口が増加し、経済も右肩上がりの成長を続けていた1990年代までは、まさに「モノをつくれば売れる時代」でした。

ところが、2020年代の日本は人口減少局面を迎え、さらに成熟社会で経済成長も鈍化していきます。モノをつくっても売れ残る時代になったいま、「無駄なモノはつくらない、持たない、運ばない」という発想の転換が必要になっているのです。

これが、「サプライチェーン・マネジメント（SCM／供給連鎖管理）」という考え方です。「無駄なモノはつくらない、持たない、運ばない」誰もが賛同し、誰もが実現すべきだと思うでしょう。しかし、この実現には越えなければならない大きなハードルがあります。

極端な話ですが、消費者すべての消費行動が3カ月先くらいまで精緻に計画されて、その通りに消費者が行動するのであれば無駄は発生しないでしょう。しかし、現実にそのような行動を消費者はしません。ではどうするか、消費を予測してその予測に基づいて製造や在庫や販売の計画が立案されて実行していくことになります。この予測を高精度で行うことの難しさは想像できるでしょう。さらに、この予測を企業、ブランド、担当者がそれぞれの立場で行うわけです。少しでも多く買ってもらいたい、欠品は絶対に発生させたくない、効率よく生産したいなど、違った目的のために需要を予測して計画を立案します。このような動きを個別最適といいます。そうです、個別最適では無駄が増えるのです。SCMで最も重要なことは、手段を考える前に全体最適で物事を考えて計画することなのです。しかし、それが一番難しいことです。

二十数年前に日本でＳＣＭという概念が初めて注目されましたが、その当時は大量生産、大量消費の時代は終焉したとはいえ、店舗での販売が主流で、カタログでの通信販売も最盛期のころでした。製造する側、販売する側がまだ主導権を握っていた時代です。現在ほど複雑なＳＣＭではなかったのです。

オムニチャネル時代の到来で、消費者の行動は以前にもまして予測が難しくなりました。しかし、あるエリアでそのカテゴリーの商品がどのくらい消費されるかの量は、さほど変わりはありません。そして、正確な実態に基づく数字をもっているのは、実際にモノを運んでいる物流なのです。消費者の行動ではなく、消費される量に基づいたマーケティングを、物流の視点から考えていく――。ここに可能性を見出し、経営戦略に結びつけられるかどうかが、企業の生き残りを左右するカギとなっていくでしょう。

第2章　配送ドライバーのつらい現実

——宅配危機と「ラストワンマイル」

［ストーリー］ミナミ、置き配トラブルをきっかけに物流の現実を知る

◆05

「何これ⁉　せっかく買ったのに、瓶が割れて中身が漏れてるじゃない。サイアク～」

玄関口でミナミが化粧水の瓶を片手に嘆いている。そんな声を聞きつけて、スクエアの眼鏡をかけたユキが自分の部屋から出てきた。

「ミナミ、どうなすった？」

「ちょっとユキ、これ見てよ～。お気に入りの志水堂の化粧水、ネットで6本セットが安売りしてたからポチッたんだけど、1本、思いっきり割れてた！　やっぱり置き配にしないほうがよかったかな……」

「あちゃ～、それはブルーじゃ……。あっ、でもちょっと待って！」

ユキは部屋に戻ると、スマホを手にして戻ってきた。何やら検索しているようだ。

「ほら、ここを見るがよいよ」

そう言ってユキが掲げたスマホの画面は、ミナミが化粧水を購入した大手ＥＣサイト〈フォレスト〉のカスタマーサービスのページだった。

〈フォレストの返品〉

〈返品の理由〉

〈配送業者の破損による返品＝商品の到着時に、破損／不良品があった〉

ミナミが覗き込んだ画面には、こんな文字が表示されていた。

「えっ、じゃあこれ、返品できるってこと？」

「そうそう、フォレストのサイトで返品専用ラベルを印刷して梱包しなおして、宅配便の人にまた来てもらうか、コンビニで送りなおすかすればオッケーだ！」

「なんだー、よかった！　ユキありがと〜。でも、こういうこともあるから、置き配ってやっぱりちょっと不安よね」

「そうか？　ウチはいままで困ったことないから、置き配ばっかり使ってるかな。コロナもあるから、知らない人とはあんまり接触したくないし」

いつしかふたりは共有スペースにある、こぢんまりしたＮＯＢの木製ダイニングテーブルでおしゃべりし始めていた。

ミナミとユキがルームシェアして住んでいる２ＤＫのマンションは、ＪＲ高田馬場駅から、山手線の外側へ西に向かって10分ほど歩いたところにある、築40年の古いマンションの３階だ。何年か前にリノベーションしたので外観はきれいなのだが、エレベーターがないのはつらい。重い荷物を持って帰ったときにはうらめしく思うこともしばしばだった。

もともとユキは5歳上の姉と同居していた。その姉が結婚することになり、ルームメイトを探していたところでミナミと仲良くなった。神奈川県の実家から2時間以上かけて通学していたミナミにも渡りに船で、とんとん拍子にルームシェアの話がまとまったのである。

高田馬場の駅前には中国人向けの日本語学校や予備校の看板が何枚も並んでいる。近くにある有名大学を目指して来日してくる中国人留学生も多い。そんな背景があるからか、周囲には中国料理店をはじめ多国籍のエスニック料理店が数多く立ち並ぶ。食べ歩いておいしい店を開拓するのがミナミの趣味でもあったのだが、残念ながらコロナ禍では〈フリーイーツ〉などのフードデリバリーで届けてもらって家で食べることが多くなっていた。

「でもさ、ユキはコロナになってから、ほとんど家から出てないんじゃないの？」

ミナミが笑いながら言うと、やや真顔になったユキが早口で答える。

「うん。ウチ、もともとヒッキー（ひきこもり）だからな。もう2週間くらい外に出てないけど、ネットがあれば、家から一歩も出なくても生活できるよ。朝起きたらフォレストのサイトで、生活必需品とか食料品とか、足りないモノをポチっと買っておく。授業は全部オンライン。終わったらネット配信の映画見るか、オンラインゲームやっとるし。夜ご飯も、朝頼んでおいた食材が来たら料理するだけ。たまにはフリーイーツで頼んでもいいし――」

「さすがユキ、徹底してる〜。たしかに、駅前のおいしい中華のお店でも、ほとんどフリーイーツで頼めるからね。でも私はやっぱ、みんなでビール飲みながら、ワイワイおしゃべりしたいかな。ユキもコロナ前までは、けっこう飲み会とか誘われてたじゃん」

理学部のユキは、クラスに女子が少ないこともあってか、男子学生からの人気も意外と高かったのだ。本人はそんなことを意にも介していない様子だったが……。

「飲み会とかめんどくさいだけだからな。ウチはリアルな人間より、AI（人工知能）相手にチャットしてたほうが楽なのさ。正直、『ニューノーマル万歳！』って感じ」

眼鏡を指で軽く押し上げながらユキは言い切ると、いたずらっぽく微笑んだ。一風変わったルームメイトだが、ミナミにとってはユキとの毎日は刺激的だった。

「たしかに、ネットで頼めば何でも持ってきてもらえるし、ニューノーマルも悪くはないのかもね。じゃあせっかくだから、今晩は四川料理でも持ってきてもらおっか！」

そう明るく言うと、ミナミは早速、スマホでフリーイーツのアプリを起動した。

◆06

新型コロナウイルス感染拡大により、4月上旬から約1カ月半のあいだ、東京都には緊急事態宣言が発令された。

学教館大学でも「授業は原則オンライン」との方針が打ち出された。秋山教授のゼミも例外ではない。ミナミは一抹の寂しさを覚えながらも、自室のデスクでノートパソコンを立ち上げ、オンラインゼミにログインする。ヘッドセットをはめて画面を眺めていると、ゼミ生の顔が次々と映し出されていった。全員が入室したのを見届けると秋山が口を開く。

「みんなそろったね。じゃあそろそろゼミを始めるよ～。テキストを画面共有しよう」

今日の範囲を担当するゼミ生がテキストの中身について発表し、皆で意見を言い、秋山が論評を加える。オンラインとはいえ、集まって対面で行うゼミと内容はさほど変わらない。それなのに、聞いている話がいまいち頭に残らないのは、オンラインのせいなのか、それとも春の陽気のせいなのか、ミナミにはよくわからなかった。

ひと通り発表が終わり、雑談タイムが始まる。発言者が決まっている発表のときと違って、オンラインでの雑談は発言のタイミングが難しい。他のゼミ生もおっかなびっくり、様子をうかがっている感じだった。ミナミは思い切って話し始める。

「そういえば……。このあいだ、お気に入りの化粧水セットをフォレストで注文して、置き配にしておいてもらったら、箱の中の瓶が1本割れてたんですよね。結局、返品に応じてもらえたからよかったんですけど、置き配って、みんなもそういうことあったりする？」

ミナミの問いかけに、別の女子学生が答えた。

「フォレストでポチったときはそういうことはなかったけど。最近、フリーイーツでひどいのあったんだ。置き配で、アパートのドアノブに袋をかけておいてもらったんだけど、お弁当がひっくり返ってて中身ぐちゃぐちゃなの。最悪だったよ～」

そんなやりとりを見ながら、秋山がニヤッと笑ってアタルを見る。

「関本くん、君のバイト先のフリーイーツが批判されてるぞ。反撃だ、反撃！　自転車乗りの意地を見せるときだぞ！」

秋山が煽ると、ゼミ生はどっと笑った。いきなり注目されて戸惑っていたアタルだったが、

「配達するほうは配達するほうで、それなりに大変なんだよ……」

と前置きして話し始めた。

アタルが話したのは、先週、フリーイーツでデリバリーのオーダーを受けて、都心のタワーマンションへ配達に行ったときのことだった。アプリの配達メモに「玄関先に置く」と入っていたので、その指示通りに玄関先に置き配をして立ち去ったという。

「そしたら、1時間も経ってからクレームが入ってさ。『食べ物がひっくり返ってた！　どうしてくれるんだ！』ってものすごい剣幕でね。でも、僕は置き配のときにはいつも写真に撮って記録しておくんだ。そのときも写真を見せたら、なんとか引き下がってくれたんだけ

どね。あと別のパターンで、商品が届いてない、ってクレームも多いね。だから写真を撮って証拠を残すのは超大事！　何回もクレームが入ると、仕事ができなくなっちゃうからね」

フリーイーツをよく使うミナミも、配達員へのクレームがそんなに多いとは知らなかった。思わずつぶやく。

「ぜんぜん知らなかった。フリーイーツを街中で見るたびに『自由そうでいいな』なんて思ってたから。そんなにひどいこと言われるの、いくらお金もらってもワリに合わないよね」

するとと別の男子学生が会話に入ってきた。

「でも、アタル、フリーイーツは結構お金いいんじゃないの？　サークルの先輩が前にすごく稼いでたって話を聞いたよ」

アタルが苦笑いする。

「そうでもないんだ。2カ月くらい前かな。フリーイーツの本部から突然『報酬体系の見直しをします』ってメールが届いてさ。それまでは基本報酬とインセンティブの基準が明確だったのに、非公開になって、前と同じだけ働いても2割ぐらい安くなっちゃった。僕は自転車に乗るのが好きだからやってられるけど、周りではやめちゃう人もけっこういるよ」

自由な働き方。隙間時間で稼げる。都会を颯爽と自転車で駆け抜けるギグワーカー……。

ミナミはフリーイーツの配達員に、なんとなくそんな格好いいイメージをもっていたが、アタルの話はそんな幻想を打ち砕くリアリティがあった。

アタルの話を聞いて、秋山がゆっくりと言葉をつむぐ。

「いまの関本くんの話は、日本の物流業界が抱えている深刻な問題の象徴でもあるんだ。みんなは『ラストワンマイル』という言葉を聞いたことがあるかい？」

画面に映る誰も答えなかった。ミナミも初めて聞く言葉だった。秋山はゼミ生たちのそんな反応を見ながら、話を続ける。

「ワンマイルは1・6キロ。消費者に荷物を届ける、最後のわずかな距離をどうつなぐのか？あらゆる企業がいまそこに知恵を絞っている。そして現実問題として、そのラストワンマイルは人間が担わざるを得ない。自動運転やロボットで、君たちの家まで荷物を届けられないからね。でも消費者は勝手だ。時間指定で荷物を頼んでいても、忘れて外出してしまったりする。ましてやコロナ禍で配達員と接触するのを嫌がるお客さんもいる。そういう意味では、置き配というのは画期的なアイデアなんだよ」

そしてもうひとつ、と秋山は右手の人差し指を立てた。

「最後に言った、一方的に報酬が安くなった件。これもフリーイーツだけじゃなくて、あらゆる物流の現場で起きている。一番大変な仕事をしているトラックドライバーや配達員の人の給料は、オフィスでデスクワークしている社員より安く抑えられているのがほとんどだ。それって、ちょっとおかしいとは思わないか？」

一瞬、沈黙が流れた後、ひとりの男子学生が質問する。

「でも先生、コロナになって宅配便がめちゃくちゃ増えたから、物流会社は儲かっているんじゃないですか？」

秋山は目を閉じて、静かにうなずいた。少し間を置き、再び口を開く。

「物流会社も決して儲かってはいないさ。実際に荷物を運んでいるのは、1日いくらで契約している2次請け、3次請けの小さな運送会社や個人事業主の人たちが多い。1日の給料が同じで、運ぶ荷物の数が倍になったら、みんなだってやってられないだろう？

物流をはじめとしたエッセンシャルワーカーの方々は、コロナであらわになった社会のひずみを肌で感じていることだと思う。現場で働いている人がいて、君たちの生活が成り立っていることを、忘れてはいけない。ネットでポチっとやれば荷物が届くのは、決して、当たり前の話じゃないんだ」

いつになく熱を帯びて秋山は話していた。自身も物流業界に携わってきたという秋山にとって、ドライバーや配達員の困難な状況は、他人事でないのかもしれない。オンラインでもその熱は伝わったのか、ミナミは自分でも気づかないうちに口を開いていた。

「これからの未来を考えると、私たち消費者も、もっと学ばなきゃダメですよね。単に安いとかお得とか、ラクだとかだけじゃなくて。便利なサービスを受けられるのは、そのために働いている人がいるからなんだ。その働いている人たちも幸せにならないと、持続可能な社会なんて、できっこない。当たり前のことなのに、私、ぜんぜん気がついてなかった——」

◆07

オンラインゼミを終えてパソコンをシャットダウンしても、ミナミはしばらく座ったまま、物思いにふけっていた。

脳裏に浮かんでいたのは、父の隆司のことだった。

隆司はかつて、運送会社に勤めて、大型の10トン車に乗る長距離トラックドライバーだった。主に水産物を扱う会社で、冷蔵・冷凍トラックのハンドルを握っていた。東北や北陸の漁港で水揚げされた鮮魚を載せ、かつて存在した築地の卸売市場に、早朝のセリに間に合うよう運ぶのが仕事だったと聞いたことがある。

小さい頃、自分の身長よりも大きなタイヤのトラックに驚き、父にせがんで、運転席に乗せてもらった。トラックが動きだすと、まるで空を飛んでいるかのような爽快感を全身で感じたことを、ミナミはいまでも覚えている。

だが――。

長距離トラックのドライバーは、ひとたび出発すると毎日家に帰れるとは限らない、厳しい仕事だった。

ミナミが中学3年の夏のこと。元気だった母の良江が突然、くも膜下出血で倒れて病院に搬送された。その日も隆司は、はるか遠い東北からの荷物を運んでいる最中だった。

「お父さん、早く帰ってきて！　早く、早く、早く！」

ミナミの必死の訴えもむなしく、隆司が病院に駆け付けたときには、良江はすでに息を引き取っていた。霊安室でミナミは泣きじゃくりながら隆司の胸を両手で叩きつけていた。

「いつもいつも、お母さんをひとりぼっちにして、最期も……お父さんなんか大嫌い！」

隆司は何も言わず、ミナミの背に手を置くだけだった。

良江の四十九日が終わると同時に、隆司は勤めていた運送会社を辞め、20年以上乗っていたトラックから降りる。そして知人の紹介で小さな不動産会社の営業マンに転職した。

あれから6年。自分も大人になり、父との間にわだかまりはないと思っていたミナミだったが、どこかで仕事の話を避けていたことに気がついたのだ。

「現場で働いている人がいて、君たちの生活が成り立っていることを、忘れてはいけない」

秋山の言葉を思い出しながら、ミナミは思う。

父はどんな気持ちでトラックドライバーをしていたのだろうか。

父の仕事の喜びは、プライドは、どこにあったのだろうか。

夏休みに実家に帰ったら、仕事のことについて父と話をしてみよう。ミナミはそんなことをひとり考えていた。

［解説］

運送業は日本に6万3000社もある

現在、日本に運送業は全部で何社あるか、ご存じでしょうか？

100社？　1000社？　それとも1万社……？　業界関係者でもなければ、すぐに答えられる人はほとんどいないでしょう。

答えは、約6万3000社です。

「そんなにたくさん運送会社があるの？」

と、思われた読者も多いのではないでしょうか。

これは、「一般貨物自動車運送事業」の許可を得ている会社の数です。自社以外の他人から運賃をもらって、トラックで貨物を運送する行為は、原則として国土交通省から一般貨物自動車運送事業の許可を得た会社のみが認められています。

運送業の許可を得るには、「人員」「営業所・休憩室」「駐車場」「車両」「資金」といった項目について、法令で定められた条件を満たす必要があります。

2003年の貨物自動車運送事業法改正によって、この条件が大幅に緩和されました。

特に車両数に関する項目では、最低保有車両台数の条件が「各地域により5～15両」から、「全国一律5両」へと緩和されました。

こうした規制緩和による新規参入の増加もあり、1990年には約4万社だった運送業の数は、現在は約6万3000社にまで増加しました。

とはいえ最近10年間は、事業者数の増加は頭打ちになり、さらに新規参入事業者数と退出等事業者数はほぼ同数と、物流業界は厳しい競争環境におかれていることは確かです。

これだけたくさんの運送業者があるということは、必然的に多層構造が生まれます。皆さんが名前をご存じのような大手運送会社が元請けになり、そこから孫請け、さらにひ孫請け……このように多層構造になった下請け業者がいるという、運送業界のピラミッド構造が成り立っています。

元請け会社が荷物1個の運送を200円で受注したとしましょう。その荷物を、下請けは150円、孫請けは100円と、下の階層に行くにつれてどんどん単価は安くなります。孫請けの会社が100円でなければ採算がとれないと判断しても、さらに小さい会社は「うちは80円で大丈夫です」と言ってその荷物をとりにいってしまうことも起こります。

こうした価格競争が繰り返され、物流業界全体としていつまでたっても運送料金が上がらないという悪循環に陥っているのが現実なのです。

消費者の立場からすると、「送料は安いほうがうれしい」というのが自然な感覚でしょう。

しかし、物流業界は巨大な産業です。全産業就業者数の4％にあたる約254万人もの人が物流業界で働いています（2018年、国土交通省のデータより）。

これだけの人々が、いくら働いても給料がなかなか上がらないという状況は、日本経済全体を見たときに非常に大きな問題なのではないでしょうか。

配送ドライバーの過酷な労働環境

物流コストが下がることで誰もが幸せになるのであれば、それは悪いことではありません。しかし実際には、フィジカル（物理的）に荷物を運んでいる人たちに、コスト削減のしわ寄せが及んでいるのが現実なのです。

それを象徴しているのが、運送トラックのドライバーの過酷な労働環境です。各種のデータからその現状を見てみましょう。

日本の国内貨物総輸送量は年間約47億トン。その91・6％にあたる43億3000万トンを、トラックが輸送しています。トン数に輸送距離を乗じてその仕事量を表わす「トンキロ」をベースに計算しても、トラックが全体の51・3％を担っています（2018年度、国土交通省のデータより)。

国内の貨物輸送の大きな割合を占めるトラックですが、そのドライバーの人手不足や高齢化が深刻な問題になっています。

トラックドライバーの数は、2019年時点で約87万人です。この人数は、直近10年間で見ると横ばいもしくは微増といったかたちで推移しています。

しかしその内実は、中高年男性に強く依存しています。40歳未満の若い就業者はトラックドライバー全体の27%である一方、50歳以上が42・8%を占めているのです。さらに女性の就業者はわずか3・4%と、非常に低い水準にあるのです(総務省のデータより)。

また、後述しますが現在は荷物の小口多頻度化が進んでいます。人数が変わらず、荷物の量が増えれば、一人ひとりのドライバーには長時間労働が強いられるようになります。

年間労働時間で比較すると、全産業平均が2076時間なのに対し、大型トラックドライバーは2580時間で504時間(月42時間)も長く、中小型トラックドライバーでも2496時間で420時間(月35時間)も長いというデータがあります。全産業平均と比較してトラックドライバーは2割以上長い労働時間なのです。

それでいて、賃金は低く抑えられたままです。年間所得額の全産業平均との比較で見てみると、全産業平均が501万円なのに対し、大型トラックドライバーは456万円と約1割低く、中小型トラックドライバーは419万円と約2割も低いのです（2019年度、厚生労働省のデータより）。

こうして見てみると、日本の物流の主たる担い手であるトラックドライバーは、労働環境が過酷、長時間労働、そして安い賃金と、若者から敬遠される仕事になってしまったことがわかります。「ワークライフバランス」が重視される昨今においてはなおのこと、トラックドライバーという仕事の大変さがクローズアップされてしまうのも無理はありません。

トラック運送事業者は、発注元である荷主企業に対して立場が弱く、業務やサービスに対して適正な料金を請求しにくい構造があります。そして、荷主都合による荷待ち時間が発生したり、荷役作業がなし崩し的にドライバーに押しつけられてしまう状況は、トラック運送事業者だけの努力では改善することが難しい面もあるでしょう。

さらに、中小の運送会社のさらに下請けのドライバーは個人事業主の場合が多く、労働基準法の残業規制の対象外になるので長時間労働に陥りやすいのです。また報酬が日当制のケースも多く、例えば1日当たり1万5000円の報酬で、100個でも200個でも荷物を運ばされ放題といった状況なのです。荷主からすれば都合がいいでしょうが、ドライバーにとってはきわめて不利な労働条件になります。

そういった各種のしわ寄せが、現場のドライバーに押しつけられている現実を見過ごしてはいけません。

宅配便の増加と「再配達」という問題

トラックドライバー数は変わらないままに、小口多頻度化によって荷物の数は増える一方です。

貨物1件あたりの貨物量を見ると、1990年は2・43トンでしたが、2015年には0・98トンであり、約4割に減少しています。一方で物流件数の推移（3日間調査）を見ると、1990年は1365万6000件だったのに対し、2015年には2260万8000件と、1・65倍に増えているのです（国土交通省のデータより）。

小口多頻度化はネット通販とそれに伴う宅配需要の高まりによって加速しました。ヤマト運輸の〈宅急便〉、佐川急便の〈飛脚宅配便〉、日本郵便の〈ゆうパック〉という大手3社で、宅配便の9割以上のシェアを占めています。消費者にとってもこれらの宅配便は、運送や物流を最も身近に感じるケースといえるでしょう。

宅配便の数は年々増え続けています。年間の取扱個数で見ると、2009年度には約31億個でしたが、2016年度に初めて40億個を突破。2020年度ではコロナ禍による「巣ごもり需要」によって48億個以上に達し、10年間で約5割も増加しました。

そして、消費者向け物販のネット通販市場は、コロナ禍の2020年で前年比22%という驚異的な伸び率を記録し、12・2兆円の規模まで拡大したのです。

宅配便は、料金の明確さや手軽に使用できること、さらには配達時間帯の指定や温度管理が可能なことなど、きめ細やかなサービスによって、消費者の支持を得て広まってきました。しかし、宅配便の取扱個数の増加に対して担い手であるドライバー数は増えていないことなどから、従来のサービスの維持が難しくなっています。

2017年から翌18年にかけて、大手3社がドライバーの労働環境改善を理由に、運ぶ荷物の量を抑制し、また配送料の値上げをはかりました。こうした動きは「宅配クライシス」と呼ばれ、世間的にも注目を浴びるニュースになったのです。

特に、「再配達」は物流関係者の間でも頭の痛い問題でした。事業者相手の配送と違い、消費者相手に宅配をする場合、配達先が不在であればドライバーが不在票を入れて荷物を持ち帰り、再度、配達先からの連絡を受けて運びなおすという作業が必要になります。この時間と労力のロスが、現場のドライバーを苦しめていたのです。

さらに、トラックが往復する回数が増えれば、その分、二酸化炭素を余計に放出することになり、長期的には地球環境への影響も懸念されます。再配達のトラックから排出される二酸化炭素の量は年間でおよそ42万トンとも推計されています（2015年度、国土交通省のデータより）。

一時は、個数でいうと宅配全体の約2割が再配達となっていました。しかし最近、再配達個数は減少傾向にあります。全体の個数に占める再配達の割合は、2019年4月は16・0％だったのに対し、翌2020年4月は8・5％にまで低下しました。

これは、コロナ禍における宅配需要の高まりに対し、時間帯指定の活用、各事業者が提供するメールやアプリの活用、またコンビニ受け取りや駅などに設置された宅配ロッカーでの受け取りを活用するなど、消費者側の意識や行動も変わってきたからと思われます。特に都市部のマンションなどでは、住民用の宅配ロッカーを新たに設置する動きも多く見られました。

さらに、コロナ禍で物流各社が始めたのは「置き配」というサービスです。玄関のドア前や、車庫、ガスメーターボックスなど、不在時でもそうした場所に届けてもらえるので再配達の手間がかかりません。感染症予防の観点からも、非接触で荷物を受け取りたいという層にも支持され、置き配は瞬く間に広まりました。高額商品や保冷が必要な商品は置き配ができないという欠点がありますが、時代の要請にこたえたサービスといえるでしょう。

再配達問題の解決には、運送事業者側と消費者側、双方の努力が必要になるのです。

「ラストワンマイル」に挑む勢力

これまで物流業界の主戦場はBtoBでしたが、ネットショッピングの普及により、消費者の家庭に商品を届けるBtoCが急拡大しました。それに伴い、物流業界でも「ラストワンマイル」という言葉が注目されるようになっています。

ラストワンマイルとは、もともとIT業界用語でした。通信事業者の最寄りの基地局から、利用者の建物までを結ぶ「最後の1マイル」の回線のことを指します。ちなみに1マイルは約1・6キロです。

そこから転じて物流業界でも、宅配サービスで、店舗や配送所から各家庭へと荷物を届ける手段のことを、ラストワンマイルと呼ぶようになりました。

ラストワンマイルは、オムニチャネルとも密接に関係します。消費者が自分の生活に合うかたちで、あらゆるチャネルを自在に選択する時代になり、商品の受け取り方も多様になっているのです。物流にとってラストワンマイルは大きな課題でしたが、一方でここにビジネスチャンスを見出す動きもあるのです。

例えば、ネット通販で買った商品をコンビニで受け取るサービスが普及しました。物流側からすれば24時間あいているコンビニの店舗に届ければいいので再配達の必要がない。コンビニ側からしても、受け取り目的で来店した消費者が、「ついでに何か買っていくか」と別の商品を購入するきっかけになり、双方に一定のメリットがあるわけです。もちろん、コンビニの保管スペースにも限りがありますので、あまりにたくさんの荷物が持ち込まれてしまうと溢れてしまうという問題はあります。

さらにコンビニが自らラストワンマイルの配送に乗り出す動きもあります。セブン‐イレブンを運営するセブン&アイホールディングスは、国内の全店舗約2万店より、消費者の自宅まで最短30分で商品を届ける宅配事業への参入を発表しました。２０２５年度の実現を目指すとのことです。

また、長引くコロナ禍で外食自粛ムードが続くなか、飲食店はテイクアウトメニューに活路を見出そうとしています。その配達を担うフードデリバリーのサービスは大活況ですが、これもラストワンマイルの需要をビジネスにつなげたといえるでしょう。２０２０年の国内フードデリバリーサービス市場は、利用金額ベースで前年同期比18・９%増の４９６０億円に達しました（ＩＣＴ総研調べ）。今後もさらに市場は拡大すると見られています。

ただ、フードデリバリーサービスの主要な担い手である「ウーバーイーツ」の配達員たちは基本的に個人事業主で、過重労働や事故などのリスクを自分で負うことになっています。

配達員の厳しい労働環境改善のためにウーバーイーツユニオンという労働組合も結成されました。このように、現場の配達員にしわ寄せが来ている問題は、トラックドライバーと同じ構造といえるでしょう。

宅配危機と巨人アマゾンの存在

コロナ禍で多くの人がステイホームをしました。そんな消費者の「巣ごもり需要」に対して最大の受け皿になったのが、世界的なネット通販大手のアマゾンです。日本でも推定5億個以上の荷物を取り扱う〝巨人〟アマゾンに、国内の物流会社はどう向き合うかが否応なしの課題でした。

2017年の宅配クライシス以前まで、アマゾンは国内の荷物の約7割をヤマト運輸に委託していました。しかしヤマト運輸が配送料の値上げを表明した以後は委託比率を下げ、2020年には約2割程度まで低下しています。

アマゾンが何をしたかというと、地域ごとに委託する中小の運送会社「デリバリープロバイダ」や、個人と業務委託契約を直接結んで荷物を運んでもらう「アマゾンフレックス」などへの委託量を増やしたのです。つまり、アマゾンはヤマト運輸など大手に頼らず、自前で物流ネットワークを築こうとしてきたわけです。

こうしたアマゾンの動きに、逆に追い込まれるかたちになったのがヤマト側です。ヤマトは2019年秋頃から、一部では配送単価を値下げするなどしてまで、アマゾンの荷物を取り戻そうとしたとも報じられています（『週刊東洋経済』2021年8月28日号より）。

ヤマト運輸は多額の投資をして日本全国に配送網を構築しました。2013年には、日本最大級の物流施設である「羽田クロノゲート」（東京都大田区）を竣工しています。これらの設備を維持するには、たくさんの荷物を流し続ける必要があります。

ヤマト運輸ほどの国内最大手物流会社でも、さらに巨大な荷主企業であるアマゾンの意向は無視できない、という物流業界の現実を象徴する出来事でした。そしてヤマトが値下げすれば、下に位置する中小の物流会社の配送単価が上がらないのも当然といえるでしょう。

物流に携わる立場からすると、「宅配クライシス」がニュースになったのを機に、世の中全体が物流のことを深く考え直すきっかけにできなかったのは残念でなりません。

宅配クライシスやラストワンマイルが本当に深刻な問題なら、物流業界だけでなく、荷主企業も、そして消費者も含めて、「日本の物流をどうするべきかを考えましょう」という幅広い議論を巻き起こすべきでした。しかし現実には、物流会社が値下げをして終わってしまっています。そのしわ寄せがトラックドライバーを含め物流の現場で働く人たちに押しつけられてしまう構造は、いまだ変わっていないのです。

限界を迎えつつある物流のビジネスモデル

コロナ禍で宅配需要が急増し、「物流業界はバブル景気でいいですね」という見方をする人もいらっしゃいます。

たしかに仕事量とともに売上も増えています。

しかし、小口多頻度化の行き過ぎが無駄を生み、現場を疲弊させているのも事実です。同じ5個の荷物を運ぶにせよ、5個を1ケースで店に届ければいいのと、5個それぞれを5人の消費者の自宅に届けるのでは、作業量もコストも5倍以上になるのは必然です。

1993年に55％近くあった、営業用トラックの平均積載率は、2018年には40％以下にまで低下しています（2020年、国土交通省のデータより）。つまり荷台の6割が空いている状態でトラックを走らせているのです。二酸化炭素排出という環境保護の観点からも、いつまでもこのような状態でいいはずはありません。

また宅配で顕著ですが、夏や冬、特に年末年始など、シーズンによって荷物の量が大きく増えるボラティリティ（変動性）があります。平常時に1000個の荷物を扱っている物流会社が、繁忙期には5000個を扱わなければいけないとしましょう。すると単純計算で、平常時の5倍の人手を、繁忙期の短期間だけ確保しなければいけません。

正社員を多く雇って、繁忙期が終わったら解雇するなどということはできません。必然的に、繁忙期の作業は、物流センター内の荷役や梱包作業はパートや派遣社員を拡充して対応し、配送業務は下請けの個人事業主などに外注することが常態化するのです。こうして物流業界のピラミッド構造は維持され続けてしまっています。

例えば年末年始のセール品を買う際に、消費者が重視することは何でしょうか。それはもちろん価格です。安い価格で買うことが重要なのであり、「商品が手元に届くのは1～2日遅れても構わない」という消費者も多いはずです。そうしたニーズを適切にくみ取ることができれば、ボラティリティの幅をなくして平準化を図ることも可能ではないでしょうか。

しかし、荷主企業からの「消費者サービスを落としたくない。他者と差別化したい」という要望に、物流側が「やります、できます」と答えているうちに、どんどん自分で自分の首を絞めてしまっている。これが現在の物流業界の現状なのです。

本章では宅配を中心に見てきましたが、物流全体で同じような構造が見られます。こうした構造的問題を放置していては、いずれ物流というビジネスモデル自体が崩壊しかねません。

担い手であるドライバーが不足しているのはその端緒です。荷主企業、消費者を含めての議論が必要な段階にきているといえるでしょう。

第3章　便利なネット通販とダンボールの山

——持続可能な物流のかたち

[ストーリー] ミナミ、バイト先でエコを考える

◆08

梅雨の合間にふとのぞいた青空から、初夏の日差しが注ぐ。このところ、じめじめした空気が続く毎日だっただけに、久しぶりの晴天にミナミの心も弾んでいた。

首都圏では5月末まで延長されていた緊急事態宣言が解除され、ミナミのバイト先が入っている百貨店も、かつてのにぎわいが戻ってきたようである。NOBの店舗フロアにも、客足が増えつつあり、スタッフのあいだにも安堵感が広がっていた。

「お買い上げありがとうございます！　袋はお付けしますか？」

レジに入っているミナミが問いかけると、まだ二十代と思われる若い男性客は、

「あ、結構です。マイバッグあるんで」

そう答えると、肩から斜めがけした小ぶりのショルダーバッグから、折りたたまれた布製バッグをとりだし、会計を済ませたばかりの量り売り菓子が入った紙袋を詰め込んだ。

レジを後にする男性客に頭を下げていると、隣にいたバイトの女子が声をかけてくる。

「ミナミさん、そろそろ休憩入っていただいてオーケーですよ。それにしても最近、マイ

バッグ持つ人増えましたね」

「そうだね。男の人でもけっこうマイバッグ持ってるよね。じゃあ、お先に休憩入らせてもらいます！」

裏手にある事務室へ入ると、店長の相原が例によってパソコンで作業をしていた。

「青山さん、おつかれさま。今日は何時までだっけ？」

「店長おつかれさまです！　今日は3時まで入ってます。お客さん、けっこう戻ってきてくれた感じで、よかったですね！」

ミナミはそう答えつつ、持参したマイボトルからアイスティーでのどを潤す。湿気の多い梅雨時でも、接客を何時間もやっているとやはりのどが渇く。作業がひと段落したような相原の様子を見て、ミナミは続けた。

「そういえば店長、来月からレジ袋が有料になるんですよね？　だからかどうかわかりませんが、最近、マイバッグを持ってくるお客さんが少し増えたような気がします」

相原もうなずきながら答える。

「そうだね。もともとＮＯＢのお客さんは、環境とかサスティナビリティとか、そういったことに関心が高い人たちが多いからかもしれない。プラスチックごみ削減ということで、何年も前から紙袋でのお渡しをしたりしてきたからね。ただ、いきなりレジ袋有料化されたコンビニとかは、これからけっこう大変だと思うよ」

「ですよね。私もふだんはマイバッグをリュックに入れてますけど、ちょっとコンビニ行くときとか、マイバッグ持たないで何の気なしにビニール袋もらってますからね。袋のお会計もしなきゃだから、レジのオペもちょっと大変になるし……。あ、そういえば、お菓子の量り売りをうちの店舗でも始めてますけど、けっこう好評な感じですか？　買っていくお客さんが何人もいましたよ」

ミナミは先ほどの若い男性客の姿を思い出しながら尋ねてみた。相原はパソコンのマウスを操作すると、出てきたデータを確認し、またミナミのほうを向き直る。

「青山さんも気がついた？　お菓子の量り売りはうちの店でも好調だし、導入した店舗では軒並みいい数字みたいだね。最初はテスト的に都内の一部店舗で始めたのだけど、これから全国に導入していくんじゃないかな」

「へえ～」

リラックスしていたミナミは思わず呆けたような受け答えをしてしまい、あわてて取り繕った。

「あ、すみません店長。それにしてもお菓子の量り売りとか、面倒なだけで売れないかと思っていたんですけど、意外でしたね」

「ははは、気にしないで。やっぱり、お客さんの意識が変わってきている気がするな。量り売りのように、自分に必要なモノを必要な分だけ買えるスタイルが注目されているのは、ムダなモノを買いたくないのもあるし、食品ロスを出したくないのもあるかもしれないね」

「エコノミーと、エコロジーですね。2つのエコ。マイバッグもそうですけど、どんどん意識が高くなってる気がします」

そこまで話したとき、ミナミはふとスマホの画面を見るとすぐに立ち上がった。

「あ、そろそろ休憩終わりそう。じゃあ私、売り場に入りますね！」

「おつかれさま！　青山さん、後半もよろしく頼むよ」

相原の声を背中に受けながら、ミナミは売り場フロアへと早足で戻っていった。

◆09

ミナミがアルバイトを終えて帰宅すると、ルームメイトのユキがリビングで何やら作業している。

「ただいま～。あれ、ユキ何しているの？」

その声に振り向いたユキは、少々うんざりした様子で答えた。

「ミナミ、おつかれです！　いや〜、近頃うちにこもりっきりだったから、必要なモノはなんでもかんでもフォレストとかのネット通販で頼んでたでしょ。それはよかったんだけど、開けた後のダンボールが大量にたまっちゃって。捨てられるように縛ってたところだよ」

白いビニールひもを手にしたユキが立ち上がると、腰に手を当てて背中を伸ばした。その足元に、ひもにくくられたダンボールの塊が4つも転がっていた。

「うわ〜、おつかれ。私の買った分もやってくれたんだ。ありがとう！　たしかに、気軽になんでもポチっと買っちゃうんだけど、ダンボールが大量にたまるよね……」

ネット通販で届けられる品物は、大なり小なり、ほとんどがダンボールで梱包されている。本を1冊頼んでも、薄い形状のダンボール箱に入れられてくるのだ。品物の大きさに合わせて、よくもこれだけのサイズと形のダンボール箱があるものだと、ミナミも半ば呆れながら感心していたところだった。

「さっき、NOBの店長とも話してたんだけどさ、レジ袋の有料化とか、世の中がすごくエコな方向に進んでいるのに、このダンボールの山はそれに逆行してる感じがするよね」

ミナミがつぶやくと、ユキも同意する。

「まったくそうだよ。さっきネットで、『通販　ダンボール　再利用』で検索してみたんだけど、やっぱりダンボールを大量に捨てることを気にしている人も多いみたい。ファイルボックスとか道具箱とか、ちょっとしたものをダンボールで作るやり方をブログでアップしてる人もいた」

やっぱり、意識が高い人は気になるのだろう。とはいえミナミたちが住むマンションはさほど広くない。不要なモノはどんどん捨てていかないと、ふたりが生活するスペースがなくなってしまう。使わないダンボールを置いておく場所にも、毎月払っている家賃の何パーセントかはかかっているのだ。

そうしているうちにミナミは、オンラインミーティングの時間が迫っていることを思い出した。授業はない日なのだが、ゼミの秋山教授に進路相談の時間をとってもらっていた。

（このダンボールが日本中の家庭で捨てられているとしたら、すごい量だよね。物流業界の人たちは何も考えてないのかな？）

進路相談が終わって時間があまったら秋山先生に聞いてみよう――。そう思いながら、ミナミは自室に入ってパソコンを立ち上げた。

◆10

オンラインミーティングにログインすると、間を置かずに秋山も入ってきた。画面に映る背景を見ると、どうやら大学の研究室ではなくどこかの企業のオフィスにいるようである。気温は30度を超えようかという初夏の暑さだったが、秋山はジャケットにネクタイを締めるきちんとした装いだった。

「秋山先生、こんにちは。今日はお時間ありがとうございます！　いま、先生どちらにいらっしゃるんですか？　どこかの会社ですか？」

秋山はちらっと自らの背後を振り返り、口を開いた。

「社外取締役をやってる会社の経営会議に呼ばれていてね、さっき終わったところなんだ。そのまま会議室を使わせてもらってるんだけどね。で、今日はなんだったっけ？」

「もう、先生ひどいです！　進路相談って、あれだけお願いしたじゃないですか。そろそろ、就職活動の準備も始めないといけないのかな……なんて思いながら、まだ何も始めてませんし、そもそもどんな業界とか会社に進みたいのかも、よくわからなくて」

めずらしく深刻そうなミナミの口ぶりに、秋山は笑い出した。

「なんだ、しんみりして。青山さんらしくもない。だいたい、君たち学生のアタマでいくら考えてもたいした答えにはたどり着かないんだから、カラダを実際に動かしたほうがいいよ。どこかインターンは申し込んでないの？」

「インターンはまだどこにも申し込んでないですね。っていうか先生、私のアタマで考えても答えが出ないのわかってるから、こうして相談してるんじゃないですか！」

「ははは、ごめんごめん。じゃあもう少し真面目にやろう。さっきまでオジサンたちと頭が痛くなる会議をやってたからね、終わってちょっと気が抜けたんだよ」

そういうと秋山はジャケットを脱ぎ、椅子の背にかけた。

「ちなみに、どんな会議だったんですか？」

ミナミが興味津々な様子で尋ねる。

「おいおい、そんなペラペラと学生に話せる内容じゃないよ」

「そう言わずに、ちょっとだけでも。会社を経営している人たちが、どんなことを話し合っているのかって、興味あるじゃないですか。大学の他の先生だと、なかなかそういう話も聞けないし」

うーん、と秋山は困ったように苦笑いした。

「そうだな……。いま僕が来ている物流会社で、中期の事業計画をつくっていてね。その中身を聞いてアドバイスをしていたんだ。特に省エネについて重点的に話してきた。省エネは労働環境の改善にもつながるからな」

「省エネですか……。たしかに、トラックとかたくさん走らせていると、排気ガスすごい出してそうですよね。先生はどんなアドバイスしたんですか？」

ちょっとだけと言いながら、ミナミの好奇心は止まらず、どんどん先が知りたくなってしまう。秋山もそんなミナミの性格をわかっているからか、質問されても、もうさほど驚かなくなっていた。

「僕も昔、自分の会社で似たような事業の計画をしたことがあったので、そのときの経験をもとに話したんだ。一言でいうと、物流会社が単独でどれだけ努力しても、できることには限界があるんだよね。だから、発荷主のメーカーや、着荷主である卸や小売なんかと組んで、スタートからゴールまでの全体で省エネすると経費削減とかになるのはわかるんですけど、メーカーとか小売が省エネに取り組むメリットって、何かあるんですか？」

「へえ〜。でも、物流会社が省エネに取り組む仕組みを考えるべきだとね」

「それが大ありでね」

秋山は即答した。

「いまニュースでも新聞でも、ＳＤＧｓという言葉を見ないことはないだろう。国連が決めた『持続可能な開発目標』のことだ。地球温暖化などの危機感をみんながもち始めて、環境問題への関心はかつてないくらいに高まっている。すると、消費者の中にも『エコな素材でつくられたあの会社の商品を買おう』『環境問題に熱心なあの店で買い物をしよう』という人たちが増えてきているんだ。省エネに取り組む企業だと国がお墨付きをくれるということは、へたなＣＭよりよっぽど会社のイメージアップになるのが、いまの時代だよ」

ミナミはバイト先での店長とのやり取りを思い出した。

「あ、そうですね。よくわかります。私さっきまでＮＯＢでバイトしてきたんですけど、最近はお客さんでもマイバッグ持ってくる人が増えてるし、新しく始めた『お菓子の量り売り』もよく売れているんですよ。レジ袋も有料化になるし、やっぱり、環境のことはみんな気にしているんですよね」

そこまで話して、ミナミにはまた思い出したことがあった。

「そうそう、先生、今日は聞こうと思ってたことがあったんです」

「おいおい、今度は何だい。まあ、話してみて」

秋山も楽しそうに受け答えしながら先をうながす。

「最近、うちでダンボールが大量にゴミになっちゃうんですよね。ネット通販で買い物することが増えたから、ダンボールもあっという間にたまるんです。いま日本中で同じことが起きていると思うんですけど、物流業界として、何か対策しているんでしょうか？　ダンボールを大量に捨ててるのも、エコにはかなり逆行してますよね？」

「そうだな……」

秋山は目を閉じると、少し何かを考えるようなそぶりをして、また画面越しにミナミを見た。

「梱包に使うダンボールの問題は、ネット通販が拡大していくと今後大きな問題になるだろうね。ダンボールの問題は、物流だけで取り組める問題でもなくて、メーカーや小売、そして消費者も一緒に考えるべきだと僕は思っている」

ミナミが真剣に聞いているのを確認するように、一区切りしてから秋山は続ける。

「メーカーは消費者にモノを売りたいから、差別化しようと次々と新商品を出す。すると、その商品の大きさや形状に合った梱包材が必要になるのは必然だよね。でもそれはメーカーの都合で出される新商品に合わせたダンボールを準備しているだけで、物流主導でやっているわけではない。まして、消費者がその新商品を本当に求めているのかなんて、誰にもわからないんだよね」

「たしかにそうですね。コンビニでペットボトルのお茶を買おうとしても、同じ500ミリでも、高さとか幅が少しずつ違います。それぞれの形に合わせた箱がいるわけですよね」

やや得心した様子だったミナミだが、また聞きたいことが浮かんできた。

「じゃあ、消費者、つまり私たちができることって、何かあるんでしょうか？」

「たくさんあると思うよ」

秋山はきっぱりと言った。

「ネット通販の宅配が増えたとしても、少しでもまとめて配送するように消費者がオーダーすれば、その分、梱包に使うダンボールも、宅配のトラックが出す排気ガスも減らすことができる。もちろん、そもそもムダなモノを買わないという意識も必要だよね。店頭で買うときにも、過剰包装を避けて、マイバッグを使うとか。青山さんのバイト先でも、そういうお客さんが増えているというのは、時代の流れだと思うよ」

ミナミも、最近バイト先のＮＯＢに来るお客さんたちの姿を思い浮かべていた。

「私たち若い世代でも、エコなモノを使うほうが『かっこいい』っていう感じはあります。今日も、私と同じくらいの若い男性のお客さんが、自然にエコバッグで買い物したりしてました。レジ袋が有料になるのと同じように、いつか宅配のダンボールも有料になるかもしれませんよね」

「その可能性も十分にある。いずれにしても、若い人たちが持続可能なライフスタイルを志向し始めているというのは、時代の大きな転換点だよね。僕たちオジサンのほうが、大量消費の文化で育っているから、かえってモノを大切にしないし、エコなライフスタイルも実感できていないところがある。メーカーや小売の経営陣もオジサンばっかりだから、そこらへんにズレが生じているんだよな……」

そこまで話して、ふと思い出したように秋山は加えた。

「もちろん、物流業界にできることはたくさんあるんだ。排気ガスを出すトラックをなるべく使わないように、長距離輸送に貨物列車や船を使おうとする取り組みは、何年も前から進んでいる。でも、ダンボールの話でいえば、物流センターのある部署では着荷した商品を梱包していたダンボールをばらして捨てているのに、別の部署では発送する商品を梱包するダンボールを新しく組み立てている、なんて光景は珍しくない。それぞれの業務にあたる人員の分の費用も請求できるから、物流サイドでも積極的に変わろうとしていないのかもしれないね。まだまだ、変わるべき点、変われる点は多いんだ」

しみじみと秋山は語った。

「そう考えると、かなりムダが多いことを私たちはやってるんですね。あっ、先生すみません！　もうこんな時間！」

ミナミがパソコンのディスプレイに映し出された時刻を見ると、すでに1時間が経とうとしていた。

「おお、ごめんごめん。また次の会議に出ないといけないんだ。あれ、就職の相談、何もできなかったな」

「大丈夫です！　今日のお話も勉強になりましたし、気になっていた疑問もクリアになったので」

明るい声で答えるミナミに、秋山が告げた。

「お詫びに今度、ゼミのＯＧを紹介しようか。彼女はいま物流関係のソリューションプロバイダーでコンサルタントとして働いているけど、なかなか優秀な人なんだよ」

「ありがとうございます！　えっと、でもその、ソリューションプロバイダー……って、なんですか？」

「あのね、まずは自分で調べてみるのも勉強だよ！　それじゃあまた！」

秋山はそう言って笑いながら右手を挙げると、オンラインミーティングからあわただしく退出していった。

［解説］

SDGs時代の到来

「SDGs（Sustainable Development Goals／持続可能な開発目標）」という言葉は、日本にもすっかり定着した感があります。2015年9月の国連サミットで193の加盟国が全会一致で採択した、2030年までに世界を挙げて解決すべき17の目標のことです。このころから、企業も環境問題や社会問題に配慮した取り組みが求められるようになってきました。

そして、2021年1月にはアメリカでバイデン新大統領が就任しました。環境政策に意欲的なバイデン大統領は、「全世界の温室効果ガス排出量を2050年までに実質ゼロにする」という目標に向けて、世界をリードする姿勢を明確に打ち出します。

こうした世界の潮流に、日本も無関係ではいられません。日本政府も、2030年度における温室効果ガス排出量を、13年度比で46％削減するとの目標を発表したのです。

従来は、こうした環境問題への取り組みに対して企業はどちらかというと消極的でした。コストがかかり、利益を失う恐れがあったからです。しかし現在は、環境問題や社会問題にどのように取り組むかが、企業としてもひとつのブランディング要素になりつつあります。

消費者も、そのような視点で企業を判断しています。

新型コロナウイルスのパンデミックが起きたことも、大きな影響を与えているでしょう。

これまでは、地震や豪雨といった自然災害があったとしても、その被害は限定された国や地域のあいだにとどまっていました。そのため被災していない人たちにとっては「他人事」になってしまっていたのです。

ところが感染症の世界的大流行は、国境や人種を越えて、全人類が共通で立ち向かうべき課題として表われたのです。個別の立場を越えて地球規模で共闘しなければ、という意識が全世界的に高まっています。

「ポストコロナ」の世界にあっては、気候変動問題などの地球的課題や、持続可能な社会に対する人々の当事者意識も、さらに高まっていくのではないでしょうか。

消費者のライフスタイルや意識の変化

消費者のライフスタイルや意識も、時代とともに変化しつつあります。

高度経済成長期においては「大量生産・大量消費」の考え方が当たり前でしたが、現在必ずしもそうではありません。モノがあふれる世の中で育った若い世代ほど、所有への欲求は少なく、むしろ将来の不安からかムダな消費は避けようとする傾向があります。また、モノそれ自体を買うことよりも、なんらかの体験にお金を払う「コト消費」への志向も注目されています。

環境に配慮した企業や商品が消費者に支持されるようになったことも、「地球環境を守る」というストーリーを共有する一種の「コト消費」の側面もあるでしょう。「環境に配慮した商品だからちょっとダサくてもこちらを選ぼう」という押しつけがましい空気ではなく、「エコなスタイルが普通にカッコいい！」と自然に選ばれるように変化しているのです。逆に、いくらデザインがきれいだったり性能がよくても、持続可能性に配慮していない商品は、SNSで批判されたりとネガティブな印象を受けることもあります。

そうした消費者意識をふまえ、企業側も「エコ」「サスティナビリティ」といったキーワードをブランドイメージに利用するようになりました。

例えばスターバックスは、使い捨てのプラスチック製ストローを全廃し、紙製ストローを提供するようになりました。これも「持続可能な地球を目指すスターバックス」というブランドイメージ向上に一役買っていますし、スターバックスにコーヒーを飲みに来る客層の意識ともマッチしていると思われます。

また無印良品では、不要になった服やポリプロピレン製の収納ケースなどを店頭で回収し再生原料にリサイクルしたり、余っている食品を回収し必要なところに届ける「フードドライブ」、必要な量だけを購入し食品ロスを防ぐ「食の量り売り」などの取り組みを一部店舗で展開しています。さらに「月額定額サービス」によって、家具などを必要な期間だけ借りて利用するシェアエコノミーの取り組みも始めています。こうした廃棄物削減につながる活動は、エコでシンプルな暮らしを志向する無印良品の顧客のライフスタイルにもぴったり合うのでしょう。

こうした消費者のライフスタイルや意識の変化に伴い、物流の分野でも変えられることはまだまだありそうです。

定期配送でムダは省ける

本書のプロローグで、コロナ禍でトイレットペーパーが不足して大騒ぎになったエピソードを取り上げました。

国内での生産体制も整っており、不足するはずのないトイレットペーパーが、一時的な需要の急増によって、スーパーやコンビニの店頭から消えてしまいました。

そもそも、こうした生活必需品は、私たちが普通に生活している限り、消費量に大きな変化はないはずです。トイレットペーパーやティッシュペーパー、あるいはシャンプー、リンス、ボディソープ、洗顔料、歯ブラシ、歯磨き粉……。これらの品々は、家族構成や生活スタイル（1日に何回歯磨きをするか、など）によって、家庭での消費量はある程度決まってきます。季節に応じて多少の変化はあるかもしれませんが、それでも衣料品などに比べればそのボラティリティは低いはずです。

そう考えると、毎月の使用量がある程度決まっているモノは定期配送で届けてもらうという考え方が、今後は広がっていくのではないでしょうか。コロナ禍でトイレットペーパーがなくなった騒動も、消費者のもとに「トイレットペーパーは必要な分が定期的に届きます」と決まっていたならば、あのようなパニックにはならず安心して生活できたはずです。

定期配送を見直す動きはすでに始まっています。アマゾンでは「アマゾン定期おトク便」を実施し、消費者が定期的に購入する商品は割引価格で自動的に届くサービスを行っています。定期的といってもそのサイクルは柔軟に変更できますので、例えばペットボトル飲料のような商品は季節ごとの消費量に応じて届くサイクルを変更できるのです。

生活必需品が定期的に自宅に届けられるのであれば、わざわざ買いだめをしておく必要もなく、そのぶん家の中のスペースを有効に使えます。売る側も、計画的な生産と配送の体制がとれるので、そのための原材料や人員、在庫の余剰を抱えなくて済むのです。定期配送がもっと広がれば、生産―流通―消費の各分野でムダを省ける可能性があるでしょう。

ある時期は大きく運ぶ荷物が増えるというのは、物流の立場からするとその分の売上はあがりますが、突発的な荷物の量に対応する人員や設備の確保も困難です。そして荷物量が平常に戻ると、余剰人員を抱えてしまうリスクにもつながってしまうのです。

荷主側からすると、最終的に商品が売れて初めて現金が入ってきます。物流費は売上がわかる前に支払う費用ですから、どうしても物流コストの削減ばかりに目がいきがちになります。

定期配送なら、最終的に商品がどれだけ売れるかが事前にわかります。荷主側としても利益を考えたうえで、物流にも適正なお金を安心して支払うことができます。物流側も、今後の荷物量や売上の見通しが立ちやすくなりますから、より積極的な設備投資を行って付加価値を生むこともできるようになるのです。

物流を社会のインフラとして見るならば、短期的に売上が伸びるかどうかという点よりも、事業が継続できるだけの利益を重ねていけることが大事になります。持続可能な物流のかたちを考えるとき、定期配送というスタイルは今後さらに注目が集まっていくでしょう。

環境問題に物流業界はどう取り組むか

物流業界としての環境問題への取り組みはかなり前から始まっています。

1991年に運輸省（現・国土交通省）が、温室効果ガス排出量削減に向けた対策として、「モーダルシフト」を提唱しました。

物流におけるモーダルシフトとは、貨物輸送の手段をトラックから、鉄道や船舶などに転換することを柱としています。大量輸送が可能で、かつ温室効果ガス排出量の少ない鉄道や海運を積極的に利用することにより、温室効果ガス排出量を削減しようというのです。それは環境問題への取り組みというだけでなく、トラックドライバー減少への対応策という側面もありました。

日本政府は2020年10月に、「2050年までのカーボンニュートラル実現」を国家目標として打ち出しました。こうした世界的な潮流のなかで、ガソリンエンジン車への規制強化は加速していくでしょう。

こうした動きに物流業界も無関係ではいられません。例えば日本国内の2大トラックメーカーのいすゞと日野、さらにいすゞの親会社トヨタも加えた3社で、中小型の電動トラックを共同開発するというプロジェクトもスタートしています。

トラックドライバーの方々は、現場で涙ぐましいほどの努力をして温室効果ガス削減に取り組んでおられます。自動車が走っていないときにエンジンをかけっぱなしにすること（アイドリング）をやめようという「アイドリング・ストップ」が推奨されているのは広く知られるようになりました。たしかに不必要なアイドリングをやめれば、車の燃料が節約でき、排ガスも減らせます。

しかし、エンジンを切った後も車内の空調を入れたままにしておくと、バッテリーが上がってしまう（電気不足になる）ので、再びエンジンをかけられなくなってしまいます。このところの夏場の猛暑もあり、ドライバーには熱中症の危険性があります。アイドリング・ストップを意識しすぎるがあまり、ドライバーの熱中症リスクを高めてしまうことになれば、安全性の観点から問題です。こうしたジレンマに悩みながら、倉庫や物流センターなどでの待機時間を少しでも短くするなど、ギリギリのところまで現場は努力しています。

環境問題は全人類共通の課題です。物流業者だけではなく、消費者の側の意識改革も必要になるでしょう。消費者が最も手軽にできるのは再配達をできる限りなくす取り組みです。配達時間に在宅する、あるいは「置き配」を積極的に活用するなどで、再配達を少なくしていけば、温室効果ガス削減だけでなくドライバーの負担軽減にもなるのです。もしかすると今後、再配達に対して「再配達手数料」ではなく「温室効果ガス排出料」という名目で追加料金を払ってもらう、ということもあり得るかもしれません。

もちろん物流サイドにも、環境問題に対してできることはまだまだあります。そのひとつが梱包資材の問題です。本章のストーリー部分でも触れたように、ネット通販で購入した商品が入っていたダンボールが知らず知らずのうちに山積みになっていた、という経験はないでしょうか。便利なネット通販ですが、店頭で商品を購入する際にはなかった梱包材が必要となり、それらは消費者の自宅に届いた瞬間にゴミになってしまいます。

プレゼントなど特別な場合には、装飾した梱包材でモノを届けたいというニーズもあるでしょう。しかしほとんどの場合、消費者は荷姿（梱包された荷物の外見や形状）に興味はなく、注文した商品がきちんと手元に届けばよいのです。その機能を満たす素材が開発されれば、現在のようにダンボールを大量に消費することはなくなるかもしれません。梱包資材をどうやって少なくするか、また再利用可能な梱包をどう実現していくかは、今後の大きな課題になります。

温室効果ガス排出量の削減、また過剰梱包による無駄をどうなくしていくのかは、持続可能な物流を考えるうえで不可欠な課題なのです。

社会貢献が企業の付加価値に

企業の果たすべき社会的責任のことを「ＣＳＲ（corporate social responsibility）」と呼びます。企業は株主だけでなく、顧客や取引先、働く従業員、そして地域社会など、幅広い関係者の利益も実現することが求められているのです。

従来のCSRは、その企業の信頼性向上という観点で捉えられることが多かったのですが、最近では社会問題を解決する側面が重要視されるようになりました。

そこで登場したのが「ESG」という概念です。ESGとは、環境（Environment）、社会（Social）、ガバナンス（Governance）という3つの言葉から頭文字をとったものです。企業が持続可能な発展をするには、ESGを無視するわけにはいかなくなっているのです。

最近では「ESG投資」という言葉も生まれ、財務情報だけでなくESGへの取り組みが企業の将来性を占う指標として投資家にも注目されています。環境問題をはじめとする社会的課題への取り組みは、物流業界だけではなくすべての企業の責務となりました。

そのような中で、経済産業省資源エネルギー庁公募事業である2021年度「AI・IoT等を活用した更なる輸送効率化推進事業」において、物流施設でAIを搭載した自動運転フォークリフト等を活用し、トラック運行と連携させることで、荷役効率化・物流効率化・省エネ化に取り組む共同事業の提案がされました。これは、大和ハウスグループとイオングローバルSCM、花王、日立物流、豊田自動織機の5社が、サプライチェーンの結節点であるトラックの積卸しを自動化するために、AIを搭載した自動運転フォークリフトの実用化を目指すとともに、荷主間の計画的かつ効率的なトラック運行を実現することで、サプライチェーン全体の効率化・省エネ化に取り組む実証事業であり、すでに開始しています。
この実証事業のポイントは以下の3つです。
①自動運転フォークリフトを用いた物流施設の「入荷」と「出荷」の自動化
②サプライチェーン全体の効率化を実現するための事業者間のデータ連携
③発着荷主間でのトラックの待ち時間短縮による効率化、エネルギー削減
そして、もうひとつの大きな意味がこの実証事業にはあります。それは、それぞれの事業分野のトッププレイヤーが共同でひとつの目標に向かって活動をすることです。SCMの概念である全体最適にもつながる動きとして今後の発展も期待されます。物流企業だけがいくら環境問題に取り組んで、「車両を何台減らした」「温室効果ガス排出量を前年比1~2%減らした」などと言っても、残念ながら社会的なインパクトはさほど大きくありません。しかし、メーカーや小売で誰もが知る大企業もそのプロジェクトに参加することで、その影響は取引先企業にも波及するでしょう。

環境問題への取り組みを含め、企業が社会的貢献を行うことは、もはや無駄なコストではなくきわめて重要な投資へと変わってきているのです。

第4章　モノが届けば、まちはよみがえる

――物流は地域再生の「ハブ」

［ストーリー］ミナミ、配達の助っ人になってまちの未来を想う

◆11

夏空に燦々と輝く太陽が、改札口を出たミナミを照らしていた。

大学のある都内の目白駅から、ＪＲと京浜急行を乗り継いで2時間ほど。潮風のにおいが漂う入り江沿いの駅を降り、そこから内陸部の高台へ向かってバスで20分ほど揺られる。

窓から目に入る、夏の山に抱かれた懐かしい街並みを目にして、ミナミの口元もほころんでいた。

（何もない街だけど、やっぱり落ち着くな……）

神奈川県Ｙ市郊外にあるこの緑豊かな住宅街が、ミナミの生まれ育った故郷である。

夏休みも中盤、バイトのシフトを調整して、ミナミは半年ぶりにようやく実家に帰ることができた。２時間あまりの距離とはいえ、都内であわただしい学生生活を送っている身としては、いざ帰省しようとするとなかなか時間がとれないものだ。

団地のそばにあるバス停で降りると、いっせいに鳴く蝉の声がミナミを包み込む。強い日差しが木立ちに降り注ぎ、くっきりした影が映し出される歩道を、ミナミはゆっくりと歩く。

実家は5つ連なる団地の真ん中にある3号棟。ミナミが幼い頃は、この団地や周囲の住宅街にも同世代の子どもたちがたくさんいたのだ。だがいまではすっかり人が減ってしまい、ミナミが通った小学校も何年か前に廃校になってしまった。

（まあ、いまどきこんなエレベーターもない団地じゃ、人がどんどん引っ越していっちゃうのもムリないよね）

最上階の4階まで階段をのぼり終えると、さらに汗がどっと噴き出してきた。急いで外廊下を進み、見慣れた玄関の呼び鈴を押す。

「お父さーん！　暑いから早く開けて〜」

待ちきれずにミナミが声をあげるのと、ほぼ同時にドアが開いた。

「お、早かったな。ちょっと痩せたか？」

父の隆司はミナミを見ると、ぶっきらぼうに告げた。久しぶりに会えたひとり娘への照れ隠しなのだろう、という想像ができるくらいにはミナミも大人になっていた。

「ホント、うれしい！　最近ちょっとダイエットしてるんだよね。コロナもあるから、都内はなるべく電車に乗らないで自転車か歩きで移動してるから。それにしても暑い！」

そう言いながらミナミは肩に背負ったリュックを下ろし、手にしていた紙袋を渡す。

「はい、お土産」

隆司は中身をちらりと確認すると、紙袋をミナミに差し戻した。

「ありがとう。母さんにあげてくれ」

台所へと向かう父の背中を見送り、ミナミは仏壇の前に座る。紙袋からマスカットを取り出し、母の良江が大好きだったその果物を遺影の脇に供えた。

（お母さん、ただいま。私は元気にやってるから、心配しないでね）

ものいわず微笑む母の懐かしい顔を前にすると、胸の奥にじんわりと熱いものがこみあげてくる。父が不在がちだったこの家で、母と娘のふたりで過ごした日々が思い出された。

そんなミナミの感傷をふりはらうかのように隆司の声が聞こえてくる。

「お昼、まだだよな。冷やし中華つくってあるから」

「はーい！　お父さん、せっかくだから昼ビールしよ！　最近、外に飲みにいけなかったからビール飲みたい！　お父さんが好きそうなおつまみも買ってあるんだから」

明るい声でそう答えると、ミナミは立ち上がってリビングに向かった。

「かんぱーい！」

「ほい、乾杯」

娘と父がぎこちなくグラスを合わせる。食卓には隆司がつくった冷やし中華と、ミナミが買ってきた塩麹漬けのサーモン、燻製チーズ、スルメなどのつまみが並んだ。

「なんかよくわかんない組み合わせだけど、まあいいよね！　それにしてもお父さん、料理うまくなったよね。冷やし中華おいしいよ」

ややや太めに切られた錦糸卵とキュウリ、ハムと海苔が盛り付けられた冷やし中華は、見栄えもそこそこ立派だった。

「まあ、料理も少しは慣れてきたかな。ひとり分だけつくるのは高くなるかと思ってたけど、最近はネットスーパーで小分けした食材もあるから、そういうもの頼んだりしてる」

「へえ、お父さんもネット通販やったりするんだ。あんなにアナログ人間だったのに」

隆司は傍らに置いてあったスマホを手にした。

「スマホで注文しておけば、家まで届けてくれるから助かるよな。こんなに暑いと、配達のお兄ちゃんがちょっとかわいそうになるけど。スマホの使い方もだいぶんわかってきたよ。仕事でも、営業に行くとき地図のアプリをよく使うけど、めちゃくちゃ便利だよな」

母の死をきっかけにトラックドライバーをやめた父は、慣れない不動産営業の仕事に転職し、Y市中心部のオフィスに通勤している。私立大学の入学金を出すのも大変だったはずだ。ミナミがアルバイトに励むのも、なるべく父に負担をかけたくなかったからだ。

「最近、お仕事はどうなの？　スーツ着てネクタイ締めて、営業いってるお父さんの姿、ぜんぜん想像つかないけど」

空になった隆司のグラスにビールを注ぎながら、ミナミはさりげなく尋ねてみた。

「おう。実は先月、課長に昇進したんだ。小さい会社だから、課長といっても部下は3人しかいないけどな」

「えー、すごいじゃんお父さん！　中途入社なのに。じゃあ乾杯しなおそう！」

もう一度、グラスを合わせるふたり。喉をうるおした隆司が再び口を開く。

「いまは売買の仲介をやっているけど、コロナになってから不動産の買い手が増えて、物件の価格がどんどん上がってるんだ。お金って、あるところにはあるんだよな。そうそう、給料ちょっと上がったから、毎月の仕送り、もう少しできるようになるから」

「もう、心配しないでよ〜。バイトもいますごく楽しいし。昔から好きだったＮＯＢのアイテムに囲まれて仕事してると、時間すぐにたつんだよね」

ミナミは笑って軽く打ち消そうとするが、やはり父は心配を隠せない様子だった。

「だってミナミ、お前もうすぐ就職活動始まるだろ？　俺はよくわからんが、けっこうお金もかかるんだろう？」

「都内にいるから交通費あんまりかからないし、大丈夫だって！　それより、就活が始まるっていっても、どんな会社受ければいいのかわからなくてね……」

ミナミは、ゼミの教授に相談してインターンを勧められていることなどを説明した。

「そうそう、ずっと聞きたかったんだけど、お父さんはなんでトラックドライバーになったの？」

グラスを持った隆司の手が止まる。うーん、と少し考えてから、口を開いた。

「特に理由なんてなかったけどな。俺は高卒だから、学歴がいらなくて、稼げる仕事は何かと考えたら、運送会社入ってドライバーやるのが一番だと思ったんだ。普通免許さえあれば4トンのトラック運転させてもらえたし、そのうち大型免許もとらせてくれたからな」

ビールに少し口を付け、さらに続ける。

「まあ、時代もよかったんだろうな。たまに昔のドライバー仲間に連絡とっても、いまはどこも運賃が安いわりに納品時間の制約が厳しいとかで、大変だとみんなぼやいてたよ。俺はいいときにトラックを降りたのかもしれない。ミナミと、母さんのおかげかもな」

「ふーん。たしかに、ゼミでもそんな話はあったかな。フリーイーツのデリバリーやっている友達も、ものすごく大変そうだったし。でも……」

少し間をおいて、ミナミは目の前の父に尋ねた。

「お父さん、本当はずっとトラック乗ってたかったんじゃないの？」

◆12

（へえ、こんなところに新しいコンビニできたんだ！　あれ、なんだろう。コンビニだけじゃないのかな。カフェともちょっと違うみたいだし……）

帰省した翌日、朝食を終えたミナミは、何気なく実家の周りを散歩していた。

昨日、トラックドライバーを続けたかったのかを父に尋ねてみたのだが、答えをはぐらかされて終わってしまった。父の本音はわからなかったが、ミナミはあえて問いを重ねることもしなかった。

（私が働くようになったら、お父さんの気持ちもわかるようになるのかな……）

そんなことを考えながらしばらく歩くうちに、ミナミはふと懐かしくなって、卒業した小学校に足が向いた。何年も前に廃校になり、あたりもすっかりさびれたと思っていたが、どうやらすぐ隣の敷地にコンビニがオープンしたらしい。

軽い足取りでミナミが近づいてみると、やや赤みがかった焦げ茶色の屋根の下に、全国チェーンのコンビニの店舗が入っているのが見えた。外壁には、コンビニのロゴと並んで〈カントリーテラス〉という文字が掲げてあった。どうやらこの施設の名称らしい。建物の前方には路線バスが入れるようなロータリーが整備されており、バス停もできている。

中に入ってみたミナミは驚いた。木目調天井が落ち着いた雰囲気を醸し出す店内は、この街にしては多くのお客さんで賑わっていた。奥のほうを見ると、売り場と同じくらいの広さのスペースがある。外からカフェのように見えた空間は、いくつかのテーブルとイスがあり、マスクをしながらも楽しそうに会話をする人たちや、中学生くらいのグループがテキストを広げて勉強している姿もあった。

もう一度、売り場に目を戻す。品ぞろえも普通のコンビニとはやや異なり、生鮮食品のコーナーが広めにとられていた。どうやら地元の野菜を扱っているようだ。レジでは、女子高生と思われる若いアルバイト店員と並んで、朴訥な感じのする高齢の男性が接客していた。

(まるで、おじいちゃんと孫娘みたい。なんだか微笑ましくて、いいな)

大きな窓から陽の光が降り注ぐ店内で、ミナミは身も心も明るくなるような心地よさを覚えていると、奥のほうから女性の声が聞こえてきた。

「うわー、今日にかぎって、ボランティアさん来られなくなっちゃったの?」

その声に別の男性が答えている。

「そうなんですよ。僕もこれからシステムのチェックだから事務所でパソコンに張り付いてないといけないし、誰か手が空いてる人いませんかね?」

気になったミナミがそっと近づくと、建物に横付けした軽トラックに、声の主の女性がひとりで荷物を積み込んでいるところだった。先ほど話していた男性はどうやら立ち去ってしまったようだ。よほど急いでいるのか、女性は2個のダンボール箱を一気に運ぼうとして、バランスを崩しかけていた。

（わ、危ない！）

ミナミは思わず女性のもとに駆けよると、荷物を支えてあげる。

「ありがとう！　大事な野菜なのに、落っことすところだった～」

女性はミナミを振り向くと礼を言った。ミナミも手を添えながらダンボールを軽トラの荷台に積み込む。

「あの～、大丈夫ですか？　荷物、運ぶのぐらい手伝いましょうか？」

ミナミの言葉に、白いTシャツに細身のジーンズというラフな格好の女性は、パッと笑顔になった。

「ホント？　助かる！　とりあえず、そこにあるダンボール、全部積んじゃって！」

「は、はい！　わかりました」

有無を言わさぬ迫力の声に、考えるより先にミナミの身体は動いていた。指示された通りダンボール箱を荷台に積み上げていく。

ダンボール箱がぜんぶ片付いてホッとしていたミナミの前に、サッと女性が近づいてきた。ミナミとほぼ変わらない背丈で、少年のようなベリーショートの髪型である。

「ねえねえ、このあと時間ある？」

「へっ？　あ、あります。昨日帰省して、このへんブラブラしてただけなので……」

「よし！　じゃあ、助手席乗って！」

展開の速さに目を白黒させているミナミの肩を、ポンと叩くと続けた。

「大丈夫、大丈夫！　怪しい仕事じゃないし。あとでビールごちそうするから！」

◆13

「ごめんね、買い物に来たんでしょ？　でも助かるわ〜。気をきかせてすぐ動いてくれるから、『この子に手伝ってもらえば大丈夫』ってピンときたの」

ハンドルを握りながら、北川果穂、と女性は名乗った。ミナミも自分の名前を告げ、都内の大学に通っていて夏休みで帰省してきたことなどを簡単に自己紹介した。

「へー、私たち、キタとミナミだね！　大阪か、って」

果穂のツッコミに、ふたりは笑い出す。

「それで、これから何をすればいいんですか？」

打ち解けてきたのを見計らって、ミナミは尋ねてみた。

「そうそう、ミナミちゃんに何にも説明しないままにクルマ乗ってもらっちゃったね。このトラック、コンビニ商品のデリバリー用なの。さっき積んでもらったダンボールの中に、事前注文された商品が入っているから、買ってくれた人にいまから届けにいくの。本当はボランティアのスタッフさんがいるんだけど、今日はたまたま来られなくなっちゃって」

「わかりました！　宅配みたいな感じですね。果穂さんは、コンビニの店長さんか何かですか？　私、夏休みで久しぶりに帰省したら、こんなステキな場所ができてて、びっくりしたんですよ」

ははは、と楽しそうに笑う果穂。運転席中央のホルダーにセットされたスマホに、地図と、何かの文字が表示されている。その画面にちらりと目をやった後、果穂は口を開いた。

「そりゃそう思うよね。実は私、コンビニの店員でもなんでもないの。今朝来てみたら人手が足りないっていうから、助っ人に駆り出されてたところ。ホントは、カントリーテラスっていうあそこの施設でやろうとしてるプロジェクトの管理とか、そういう仕事」

「プロジェクト、ですか？」

ミナミの好奇心がむくむくと膨らんでくる。ただのコンビニではないことは、建物に入ってすぐに感じたことだった。

「うん、実はいま……、あっ、とりあえず話はあとで！　あそこの角の赤い屋根の家に、後ろの荷台から〈50A〉のラベルが貼ってある紙袋を出して、届けてきて。私はここでクルマ停めてるから。代金は先払いでもらってるから、荷物渡すだけでオッケーよ」

「はい、わかりました！　〈50A〉の袋ですね」

　ミナミは助手席のドアを開けて素早く外に出ると、荷台に積まれたダンボール箱の中から〈50A〉のラベルが貼られた大ぶりの紙袋を取り出す。中には、2リットルの飲料水のペットボトルに、野菜や果物が入っているようだった。ずしりと重いその袋を、両手で抱きかかえるようにして、指示された家の玄関へ運んだ。

　呼び鈴を押してしばらくすると、扉が開いて白髪の女性が出迎えてくれた。

「まあまあ、暑いところ、ご苦労さま。助かるわ」

「お待たせしました。ありがとうございます！」

　いつしか配達員になりきって頭を下げるミナミ。そんな姿を見て、女性も微笑みながらこう続けた。

「もうこの年になると足が悪くなって、せっかくお店ができてもなかなか買い物に行けないからね。でも、なんだっけ、これでこう、ピッピッとやれば注文できて、こうして届けてくれるから、安心して暮らせるわ。こちらこそありがとうね」

手のひらの前で人差し指を動かすジェスチャーは、おそらくスマホのことを指しているのだろう。ミナミはもう一度お礼を言うと、配達先を後にした。女性はしばらくの間、ミナミに向かって手を振って見送っていた。

「届けてきました。あのおうちのおばあちゃん、すっごく喜んでくださってましたよ！」

助手席に駆け込んだミナミは、待っていた果穂に報告した。

「よかった！　ありがとう。出発が少し遅くなったから、みんな待ってるかもしれない。この調子で残りもお願いね！」

果穂はこう言って、再びエンジンをかけた。

こうして町内の十数軒の家へと荷物を届け終わり、カントリーテラスへの帰路につく途中、ふと思い出したように果穂が言った。

「そうそう、さっきの質問に答えてなかったわね。私がかかわっているプロジェクトは、簡単に言っちゃえば、あのカントリーテラスという場所を中心に地域の宅配や物流の仕組みを整備して、まち全体を活性化できないか、ということなのよね」

「まちの活性化ですか！　それはぜひやってほしいです。このあたりも人が減って寂しくなっちゃったから……。あそこのカントリーテラスには人の賑わいがあって、すごくうれしかったんですよね。でも、宅配とか物流が、まちの活性化とどんな関係があるんですか？」

「すっごく、関係あるわよ」

果穂の口調は、やや真剣味を帯びてきた。

「お年寄りが増えて、人が減ってしまった街って、日本中にたくさんあるの。昭和のころに全国でつくられた住宅地とか団地は、いまどこも同じ問題を抱えている。さっき荷物を届けてあげたおばあちゃん、喜んでくれたでしょう？　買い物をしたいけど、店が遠くて買いに行けない、そんな『買い物難民』の人たちがたくさんいるのよね」

ミナミは、自分に手を振って見送ってくれた女性の姿を思い出した。

果穂はさらに続ける。

「きちんとモノが届けば、人が暮らすことができる。そうすれば、まちもよみがえる。私が勤めてる会社は物流関係を主に扱うソリューションプロバイダーで、あのカントリーテラスを中心にまちの活性化をするプロジェクトのお手伝いをしているってわけ」

（ソリューションプロバイダー……。あれ、どこかで聞いた言葉だな）

ミナミがそんなことを思っていると、ホルダーにセットされた果穂のスマホから呼び出し音が鳴った。ハンズフリーで応答するためスピーカーモードのスマホから、ミナミにも相手の声が聞こえた。

「久しぶり！　秋山です。北川さん元気？」

「秋山先生、ご無沙汰してます！　いま、例のY市のプロジェクトで現地行ってます」

「そうだったんだ。お疲れさま。実はうちのゼミ生で、なかなか面白い子がいるから、今度紹介したいんだ。進路の相談でも乗ってくれたらありがたいんだよね」

聞き覚えのある声に、ミナミが思わず口をはさもうとすると、スマホの向こうの秋山が続けた。

「名前は、青山ミナミ、っていうんだけどさ――」

秋山の言葉と、ミナミの顔を見て、果穂は瞬時に察知したらしい。ミナミに向けてウインクすると、秋山に返事をする。

「先生、遅れてる！　ミナミちゃんと私は、とっくにゴールデンコンビ結成してるから！」

果穂の声に、ミナミは思わず吹き出してしまう。

「え、なにそれ、どういうこと？」

事情がわからない秋山の戸惑う声がスピーカーから流れてくるのを聞きながら、ミナミと果穂のふたりは軽トラックの車中で大笑いしていた。

［解説］

人口減少への対処が迫られる

日本社会がいま直面しているのが人口減少という大きな課題です。2020年の人口動態統計（厚生労働省）によると、出生数は過去最低の84万832人で前年比2万4407人の減少、合計特殊出生率も1・34で前年の1・36よりも減少しています。出生数と死亡数の差である自然増減数はマイナス53万1816人。鳥取県の住民とほぼ等しい数の人口が1年間で減っている計算になります。

人口減少が進むと、これまで当たり前に利用できていた社会システムやインフラが、維持できなくなる恐れがあります。

例えば、コンビニエンスストアの商圏範囲は、半径500メートル程度とされています。これは徒歩10分以内で来店できる距離という意味です。コンビニの経営は、この商圏内に3000人以上の人口がないと成り立たないとされています。

人口が減っていく地域では、これまであったコンビニが閉店したり、あるいは営業時間が短縮されるなど、従来通りのサービスが受けられなくなっていきます。こうしたことが、あらゆる分野で起こっていくのが人口減少社会の現実です。

物流についても同じことがいえます。ある地域で5軒のコンビニへのトラックによる配送ルートがあったとします。ところが人口減少により、地域のコンビニが1軒に減ってしまったとしましょう。1軒でも届け先がある限り、荷物量は減っても、トラックを走らせなければなりません。そんなことをしていたら、採算がとれなくなってしまいます。

宅配はもっと影響が顕著です。都市部で同じマンション内で5つの荷物を届けることと、地方でそれぞれ1キロ離れた5つの家に荷物を届けることが、同等のコストで実現できるはずがないのです。まして、それだけ離れた家に再配達することはできなくなるでしょう。人口減少が進めば料金の差が広がる、あるいはサービスのレベルが変わるということは避けられなくなるのです。

これまでの「当たり前」が「当たり前ではなくなる」社会がやってくる。消費者もそのことを覚悟しておかなくてはいけません。

配送拠点という「ハブ」を起点にまちづくり

人口減少と高齢化が進むなかで、特に地方においては「コンパクトシティ」という考え方が注目されています。公共施設や商業施設をまちの中心部に集中させ、あわせて住民の「まちなか移住」も推進することで、効率的な都市運営が行える持続可能なまちづくりを目指すのです。コンパクトシティ化は今後の自治体運営の主流となっていくでしょう。

しかし、どれほど人口が減少し、居住エリアがコンパクトに集中できたとしても、生活している人がいるならばそこにモノを運ぶ必要があります。そのエリアにモノを運び、1軒1軒宅配することで果たして採算がとれるのかを、物流会社もシビアに考えざるを得ません。少なくとも再配達のようなイレギュラーな対応を日常的に行うことは不可能でしょう。

人口減少時代における物流のかたちを考えるうえで重要なのが、配送拠点という「ハブ（中継点）」を基準にした考え方です。

物流は、決まったサイクルで同じ場所に運ぶのであれば、かかるコストや人員を計画的に準備することができますので、それほど大変ではありません。

しかし、今日はA地点、明日はB地点……というように配送先が計画できないことや、日ごとに物量のボラティリティが大きいと、ロスも非常に大きくなります。そこに宅配で問題になっている再配達が重なってくれば、なおのこと配送費の採算が成り立たなくなります。

そこで、町や村などの自治体単位や、あるいは物流ネットワークから考えた一定のエリアにひとつの配送拠点を設けます。ひとつの配送拠点がカバーする範囲は、数百メートルから数キロといったところでしょうか。ちょうど、ラストワンマイルの1マイル（1・6キロ）とも重なります。

物流会社は配送拠点までモノを運び、そこから先はそのエリアごとのやり方で宅配をする。配送拠点というハブ（中継点）に荷物が集まり、そこから細かい配送先に分かれて運ばれていくのです。いい換えれば、これまでは自治体単位だった地域のあり方が、今後は物流の配送拠点を中心に考えられていくようになるでしょう。「そのエリアに住む人々に、どのようにしてモノを届けるのか」を基準にまちづくり・地域づくりが行われていくのです。

ソフトウェアの分野でも「マイクロサービス」といって、個別に開発された小さなサービスを組み合わせて大きなサービスのパッケージングにする、という手法があります。すべての要件を確定させてから時間をかけて開発する従来の手法よりも、短い期間で繰り返し開発やテストを進めることができ、環境の変化に対応しやすい利点があります。フィジカルなモノを運ぶ物流の世界でも、配送拠点を中心とした半径数百メートルから数キロの小さな経済圏がかたちづくられ、それらが連なって市区町村などより大きな自治体となり、そして都道府県から国へと広がっていく。マイクロな物流サービスによる経済圏が複数連なって、日本という国全体の物流が変わっていく。

人口減少社会においては、そうした世界観が必要になってくるのです。

物流専用ドローンの実証実験が始まる

地方創生、町おこし、などの言葉を目にするようになって長い時間が経過しています。現在、内閣府は「Society 5.0（サイバー空間とフィジカル空間を高度に融合させたシステムにより、経済発展と社会的課題の解決を両立する、人間中心の社会）」の実現を主導しています。そのなかでもスマートシティ（ＩＣＴなどの先進情報技術を活用した持続可能な都市）構想があり、トヨタ自動車も新たな価値やビジネスモデルを生み出すことを目的に「Woven City（ウーブン・シティ）」と呼ばれる「コネクティッド・シティ」の建設を始めました。

これらは、新しいテクノロジーで持続可能な社会を創ろうとする動きであり、より便利で地球に優しい環境を創り出す動きでもあります。しかし、それだけで人々が豊かな生活の時間を過ごせるかというと、そうではありません。「当たり前」のように手元にあり消費しているモノが、「当たり前」に手元に届くことも重要なのです。「買い物難民」といわれる状況が発生していることは、「当たり前」だと思っていることができていないことを示しており、それが広がりつつあるということです。

解決策のひとつのカタチとして、配送拠点というハブと、最新技術を組み合わせて、地域の物流をカバーしていこうとする動きが現実に起こっています。

無線操縦で飛行する小型無人機「ドローン」は、いまや急速に普及が進んでいます。ラジコンヘリとも似ていますが、ドローンはプロペラが4つあるのが一般的です。2015年に航空法が改正され「無人であり、遠隔操作または自動操縦で飛行できる、200グラム以上の重量の機体」がドローンと定義づけられるようになりました。

山梨県北都留郡小菅村では、ドローンの研究開発を手掛けるエアロネクストと、物流大手のセイノーホールディングスとが協定を結び、ドローンを使った配送事業に取り組んでいます。小菅村は山間部にある小さな村で、人口はわずか700人弱です。宅配業者が都市部と同様に一戸ずつ荷物を配送していては非効率ですし、経営的には採算がとれません。

そこで、村内にある空き家のひとつを配送拠点として定め、宅配業者にはこの拠点まで荷物を運んでもらい、そこから先は村内で配送を担うのです。近くの家には自転車などで荷物を運び、距離のある山間部の家などにはドローンで配送するというかたちで、配送手段を使い分けています。

ドローンは数キログラムまでの重さの荷物を運ぶことができます。操縦は、東京のオペレーターが遠隔操作で行っており、村内に操縦のための人員を置く必要はありません。配送実績は149件に達し（2021年8月4日時点）、実用化も近づいてきました。

小菅村でのドローン実証実験が成果を挙げたことにより、それに続く自治体も出てきました。北海道河東郡上士幌町《かみしほろ》（人口4966人）も、エアロネクストとセイノーホールディング両社と協定を結び、ドローン配送への取り組みを始めたことが報じられています。上士幌町は内閣府の2021年度「SDGs未来都市」に選ばれるなど、持続可能なまちづくりを積極的に進めています。その一環として、ドローン配送にも取り組んでいます。

人口減少が進む地方自治体において、宅配業者がすべての家に荷物を届けることは経営的にも難しくなってきています。しかし、自治体内の配送拠点まで荷物を届け、その先の半径数キロ圏内の配送は自治体内で担うのであれば、持続可能な物流のかたちが見えてきます。ドローンという最新技術により、それが現実のものになろうとしているのです。

大和ハウスの「リブネスタウンプロジェクト」

大和ハウス工業は、1960年代より全国61カ所に〈ネオポリス〉という大規模戸建住宅団地を開発しました。高度経済成長期に全国で開発された他の住宅地や団地と同じように、このネオポリスも少子高齢化に伴って住民が少なくなり、空き家が増加した状態になっています。これらの住宅地をどうやって「再耕」していくか。同社は〈リブネスタウン（Livness

Town〉プロジェクト〉と銘打って、誰もが安心して長く住み続けられるまちづくりに取り組み始めています。

そのモデルプロジェクトが、神奈川県横浜市栄区にある〈上郷《かみごう》ネオポリス〉です。1972年に販売開始された郊外型戸建住宅団地ですが、近年は商店街もほとんど閉店して買い物難民が増加、さらに団地は高齢化率50％を超えるなど、社会課題が山積していました。

そこで、大和ハウスと上郷ネオポリス自治会が「まちづくり協定」を結び、持続可能なまちづくりについて協議。全戸対象の住民アンケートでは、「買い物や交通の不便」「医療や介護」「高齢者の見守りや支え合い」「住民同士の交流」などのニーズが寄せられました。

2019年10月、住民が運営に携わるコンビニエンスストア併設型コミュニティ施設〈野《の》七里《しちり》テラス〉が開設されます。野七里テラスには、コンビニエンスストアの〈ローソン〉が入っており、8～20時まで営業しています。しかし、周辺人口が減っており、ローソンを通常営業したのでは採算がとれません。また高齢者はお店まで買い物に行くことが難しい場合もあります。そこで、ローソンの移動販売車が上郷ネオポリス内や周辺のポイントを巡回することにして、来店できない人も買い物ができるようにしました。移動販売車は、外に出られない住民の注文を聞き、買い物代行も行っています。

さらに、コンビニのATMやコピー機の操作説明といった来客サポートを、住民ボランティアが担うことで、人件費を抑制しています。ボランティアへの参加は専用ウェブページを通じてスマホなどから気軽に行うことができます。

野七里テラスはコンビニだけでなく、住民がお茶を飲んだりイベントができる交流スペースや、行政の相談窓口なども併設されています。野七里テラスはコンビニという買い物の場所であり、移動販売の配送拠点でもあり、そして地域住民の交流の場にもなっています。

ヒトとモノの「ハブ」という複合的な機能を担う配送拠点を中心に、半径数キロのエリアでどのように地域を再生できるのか。上郷ネオポリスの取り組みは、人口減少に悩む全国の地方自治体にとっても参考になるのではないでしょうか。

地域物流の姿とコミュニティの「再耕」

上郷ネオポリスのように、住民の減少や高齢化に悩む住宅地や団地は全国に多数あります。1960～70年代に全国的につくられたこうした団地には、当時、子育て世代だった30～40代の家庭が主に入居しました。それから40年以上が経ち、子どもたちは独立していき、高齢者だけが残されているという共通の構造があるのです。

地域を「再耕」するためには、ある特定の世代だけではなく、若者から高齢者まであらゆる世代が住めるまちにしなければなりません。

あらゆる世代が住めるまちづくりを志向するとき、重要なのはやはり物流です。高齢者だけが住むのであれば、必要なモノは日用品や食料品といったところでしょう。一方、若い世代の住民もいるとすれば、アパレルや雑貨、子ども用品など、ニーズも多様化していくはずです。しかし、人口減少が進む地域で、リアル店舗を出店しても維持が難しいことは、全国津々浦々にある「シャッター商店街」を見れば明白です。

本章でも述べてきた通り、その解決策は、配送拠点という「ハブ」を中心とした地域物流のかたちを、それぞれのエリアでつくることです。

配送拠点は単独で設置されることもあれば、コンビニやコミュニティセンターに併設される場合もあるでしょう。あるいはショールームのように商品の見本が陳列されている施設で、お客さんがその場でタブレット端末を押して注文すると、物流センターから配送拠点へ荷物が届く、といった具合です。

その拠点から先の半径数百メートル～数キロ圏内、いわゆるラストワンマイルにどのような手段で配送するのかは、地域の実情に応じて住民や自治体で考えていくべきです。小菅村ではドローンと自転車、上郷ネオポリスではコンビニの移動販売車を用いています。

今後は、地域住民が何らかのかたちで協力することも必要になってくるでしょう。

年配の方であれば、昔の豆腐屋さんを思い浮かべてください。夕方頃にプーッとラッパを鳴らしながら豆腐屋さんの移動販売車がやってくると、各家庭から鍋やボウルを持って出て行き、買った豆腐をそれらの入れ物に入れて持ち帰りました。ラストワンマイルというと大げさですが、「最後の数十メートル」を消費者自身が担うことで、移動販売車は決められたルートをいつもの時間に通るだけで済みますし、商品の梱包も必要ないのです。

あるいは、生協の宅配も、最近は各家庭まで届けてくれますが、昔は地域の代表者の家に数軒分がまとめて届けられました。その家庭に自分たちで取りに行っていたわけです。

それを思いだせば、配送拠点まで届けられた荷物を各家庭が取りに行くのも自然なことです。宅急便のコンビニ受け取りサービスと同じことです。あるいは、近所の荷物をついでに持って帰ってあげることもあるかもしれません。荷物がずっと置きっぱなしの人がいたら「何かおかしいな」と周囲が気づく、高齢者の見守りという効果も期待できます。

地域内での荷物の管理には専用のスマホアプリを利用し、誰かの荷物を代わりに届けてあげた人にはサービスポイントが貯まる、といったシステムも考えられるでしょう。

自動運転技術が普及した未来には、トラックが自動運転で配送ルートを回り、ロボットがそれぞれの配送ポイントで荷物を降ろす、というかたちで無人配送が実現するかもしれません。路線バスのバス停のようなかたちで大通りに配送ポイントを設置しておいて、荷物が届いたらスマホに通知がくる。消費者は自分が都合の良いときに配送ポイントまで荷物を取りに行くのです。技術的には、十分に実現可能性はあります。

物流網が発達して生活がどんどん便利になり、消費者はさしたるお金も払わずに自宅までモノを届けてもらうのが当たり前になってしまいました。これから訪れる人口減少社会においては、これまでのサービスが当たり前ではなくなります。かつての豆腐屋さんや生協の宅配などのように、消費者自身が「ラストワンマイルの担い手」として協力する――。そんな地域物流のかたちが見直されてくるかもしれません。地域物流によって、住民の新たな交流が促され、コミュニティの「再耕」につながる可能性も秘めているのです。

企業の地域戦略も変わってくる

人口減少によって消費者の数も少なくなっていけば、企業戦略も変わらざるを得ません。ただでさえ少ない消費者が、オムニチャネル時代の到来により複数のチャネルを自在に行き来して買い物をする。そうした時代においては、これまで以上に企業は他社との差別化や自社のブランドイメージ向上に取り組む必要があるのです。その有益なアプローチのひとつに、企業による地域再生やまちづくりへの貢献が挙げられるでしょう。

少子化に伴って廃校になってしまった小学校の校舎を、地域住民の交流や大人の学び直し教育などに使えるスペースとして再活用できないか、という動きがあります。最近はそうした取り組みに、アパレル企業や小売企業などが主体的にかかわるケースも出てきています。企業の社会貢献という意義があると同時に、「気がついたら地域のなかにその会社（の商品）が溶け込んでいる」という状態をつくりだし、潜在顧客を増やす狙いなのです。

また、ユニクロやニトリ、ヨドバシカメラなどといった小売企業は近年、自前物流の比率を高めてきています。こうした企業が物流センターを設置する際にも、事前に住民のニーズをくみ取り、その地域で何が望まれているのかを把握したうえでプロジェクトを進めます。物流センターは雇用が発生するので地方自治体から歓迎されることも多いのですが、それだけではない付加価値を地域に生み出すことを、どの企業も真剣に考えています。消費者が主導権を握る時代、かつ人口減少というトレンドのなかで、企業の地域戦略も変わってきているのです。

第5章　「物流」と「ロジスティクス」はどう違う？

——経営戦略を左右する存在へ

［ストーリー］ミナミ、最新物流センターに驚く

◆14

「うひゃー。かっこいい！　ＳＦの宇宙基地みたい！」

素っ頓狂な声をあげるユキのとなりで、ミナミも驚きを隠せなかった。

パレット（運搬用の荷台）に積まれた荷物が、足元から天井までびっしり格納された巨大な棚。それらが密着していくつも並ぶ巨大な壁の前にふたりは立っていた。となりにいた果穂が、棚のそばにあるボタンを押すと、スーッと棚が左右に移動して、人が通れるような道ができた。

「ラックが動いて、道ができるんだ……。なんだっけ、映画で見たことがある、海がパカっと割れて道ができるところみたい……」

「あったあった、『十戒』でモーセが海を割るシーン！」

ミナミとユキが驚きながらワイワイ声をあげるのを、傍らで微笑みながら見ていた果穂が解説する。

「これは、『電動式移動パレットラック』っていうの。荷物を収納する棚を移動式にするこ

とで、保管スペースが有効活用できるのよ。ふだんは棚を密着させておいて、作業するときだけ棚を移動して通路を確保すればいいから、デッドスペースが削減できて、その分たくさんの荷物が収納できるのよ」

ミナミとユキは感心しながら果穂の説明に耳を傾けていた。

ここは埼玉県S市内にある、機械工具を中心に扱う卸売企業〈エヌ・スクウェア〉の物流センターである。都心からは、東京メトロと東武スカイツリーラインを乗り継いで1時間半ほど。最寄り駅からは迎えに来てくれた果穂のクルマに乗せてもらい、最新鋭の物流センターを見学にきたのだった。幹線道路沿いにある、東京ドームとほぼ同じ広大な敷地に建てられた4階建ての物流センターは、黄金色の稲穂が実る田んぼが並ぶその一帯において、オフィスビルのような外観もひときわ異彩を放つ迫力であった。

ことの始まりは2週間前だった。

大学も夏休みが明け、9月の後期授業がスタートしていた。緊急事態宣言も明けて、研究室に集って行われた初回のゼミの終わりに、ミナミは秋山から告げられた。

「北川さんが働いている会社で、インターンシップ募集しているみたいだから、試しに行ってみたらどうかな?」

「インターンですか? 果穂さんの会社は、物流関係を主に扱うソリューションプロバイダーとおっしゃってましたよね。システムの構築とか導入とかをやってると聞きました。でも正直、どんな仕事なのか、ピンと来なくて……」

秋山は笑いながらミナミの不安を打ち消そうとする。

「そりゃ、まだ会社で働いたことないんだから、仕事のイメージがピンと来ないのは無理もないさ。だからインターンでその雰囲気を感じるだけでもプラスになると思うよ。それに、北川さんのところは、企業にシステムの提案にいったり、そこの問題解決にあたったりするのが仕事だから、いろいろな会社の様子を見ることができるかもしれないよ」

いろいろな会社の様子を見ることができる――。その言葉が、ミナミの好奇心を刺激した。こうして秋山に改めて紹介してもらい、ゼミの先輩である北川果穂が勤める〈ディーヴァ・ロジスティクス〉に、インターンにいくことに決まったのである。

本格的にインターンを始める前のレクリエーションとして、果穂はクライアントのひとつであるエヌ・スクウェアの物流センターを案内しようと提案してくれた。ルームメイトのユキもなぜか興味を示したので、ふたりで見学にやってきたのである。

◆15

エヌ・スクウェアの物流センターは、企業や自治体からの視察依頼がひきも切らないという。中へ入ると、「物流センター」という言葉の地味なイメージと裏腹に、最新鋭の物流機器が組み合わされた設備の数々に、ミナミとユキのふたりは圧倒されっぱなしだった。

入荷された商品が積まれたパレットは、無人搬送車が牽引して移動している。そばで誰かが操作している様子もない。搬送車を凝視しながらユキが尋ねる。

「この台車みたいなやつは、どこかから無線で動かしてるんですか？」

「これはＡＧＶ（Automated Guided Vehicle）という無人搬送車で、通路に貼られた磁気テープの上を自動走行して荷物を運ぶ機械なの」

よどみなく答える果穂。ミナミはその反対側で、棚が自走しているのを見て驚いた。

「ええっ、ひとりでに棚が通路を動いてますよ⁉」

「あれはＧＴＰ（Goods to Person）型と呼ばれる自走式搬送ロボットが、専用の棚の下にもぐりこんで、棚ごと持ち上げて作業する人のところまで運んでくれるの。アマゾンの物流センターでも同じ機能のロボットが使われているのよ」

「人が棚のところに行くんじゃなくて、棚が人のところに来てくれるんだ。すごい親切！」

ミナミも感動することしきりである。

「まるで亀が背中にでっかい荷物載せて運んでるみたいだ。搬送ロボットもさっきのやつと同じように磁気で動いているんですか？」

棚が動く様子を見たユキが尋ねた。

「搬送ロボットは、地面に貼られたQRコードで情報を読み取って動いているのよ。だから、同時に複数台が動いても、ぶつからないようになっているの。それに、運んだ先も見て」

果穂が指さした方向には、搬送ロボットが棚ごと列をなして到着していた。棚の前には作業員がいて仕分けをしている。よく見ると、搬送ロボットが運んできた棚にある商品のいずれかに、パッ、パッと切り替わりながら、光があてられていた。果穂が再び説明する。

「あそこの専用ステーションに棚が運ばれると、作業員さんの横にあるディスプレイに、仕分けする商品の種類と数が表示される。そして、頭上のライトがピッキングする商品を照らしてくれるから、それをディスプレイの指示通りに仕分ければいいだけなの。『商品はどこにあるかな？』とか探したりしなくて済むのね。だから、作業時間がすごく短縮されるの」

少し歩いた先は、フロア全体が格子状に組み込まれた支柱と梁が立ち並び、まるで巨大なジャングルジムのようになっていた。格子の一つひとつのマスには、小さなコンテナ状の入れ物が隙間なく格納されている。通路もなく、人が入る余地はない。

「あ、上のほうで台車みたいなのが動いてる。もしかしてあれもロボットですか？」

何かを見つけた様子のユキが口を開いた。ミナミもつられて、視線を上に向ける。ジャン

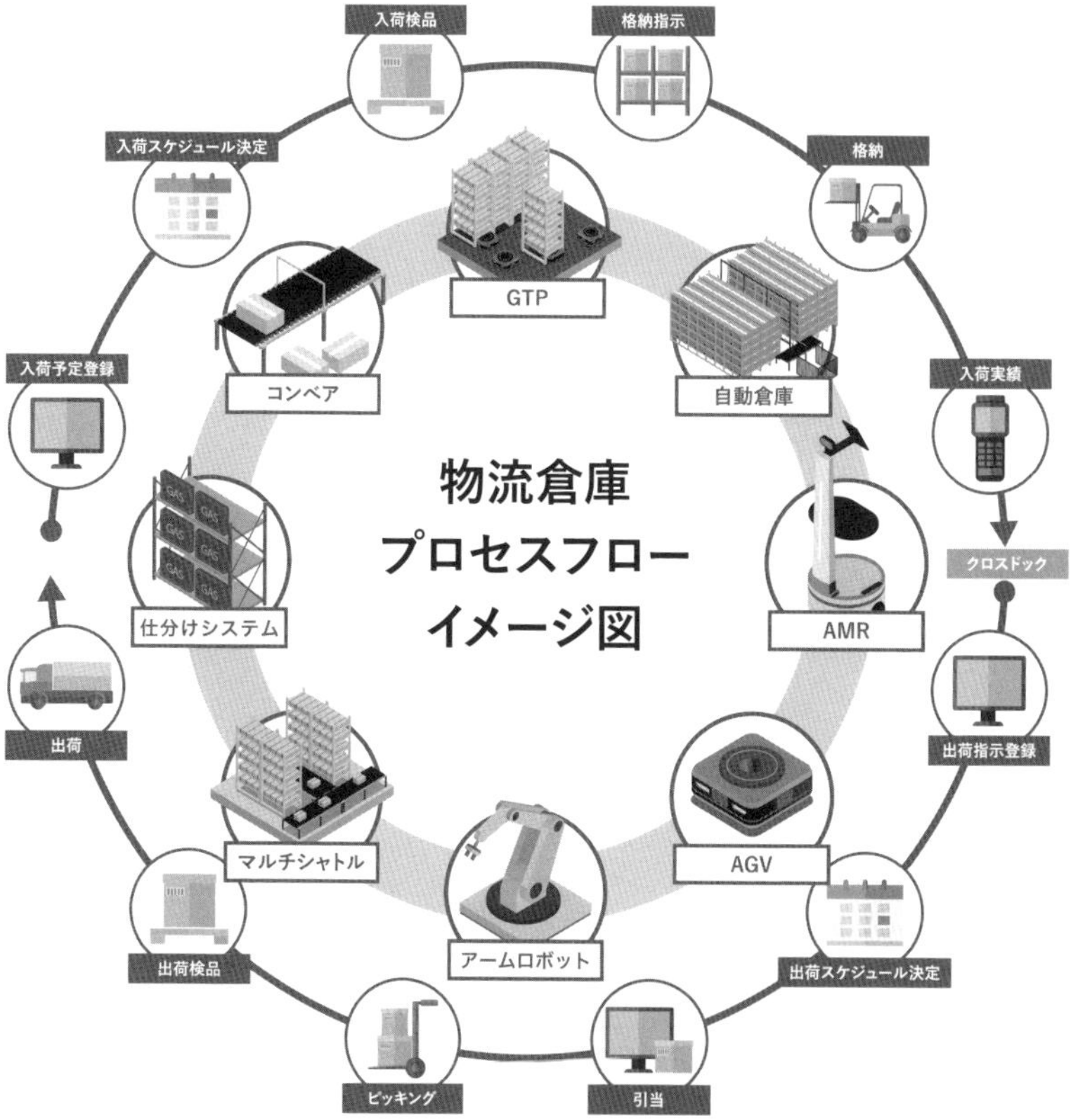

注：図中の略号、
AGV は「Automated Guided Vehicle」の略
AMR は「Autonomous Mobile Robot」の略
GTP は「Goods To Person」の略

グルジムの天井を、何台もの小さな台車が縦横無尽に走り回っていた。

「ここはロボットストレージシステムで、一言でいえば『自動倉庫』なのね。通路も必要ないし、天井ギリギリまで収納できるから、スペースを最大限、収納に使うことができるんだ。特にこの会社は、ボルトやネジといった工業用の細かい副資材を扱うから、多品種少量の在庫管理にはピッタリなのよ」

「でも、中の品物はどうやって運ぶんですか？」

不思議そうに問いかけるミナミ。

「入口にあるピッキングステーションの端末で必要な商品を入力すると、上を走っているロボットが、ストレージ内に積まれている専用コンテナを持ってきてくれるの」

果穂はそういうと、端末になにやら入力を始めた。すると天井を走る台車のようなロボットが動き始める。やがて目的地に着いたのか、ロボットは停車し、アームを伸ばしてコンテナを吊り上げていく。1個、2個とコンテナを取り出しては隣のマスに置き、3個目のコンテナをアームで吊ると、ピッキングステーションのほうへ運んできた。

「こうして、作業する人は一歩も動かなくても、必要な品物が手元に届くってわけ。楽ちんでしょ？　でも、それだけじゃないのよ」

果穂はいたずらっぽく笑う。

「商品を取り出したコンテナは、戻すときに上から積まれていくの。だから、入出庫を繰り返していくうちに、よく出る商品のコンテナが上のほうに集まってくるのね。だから、入出庫の時間が自然と短縮されるようになってる。これも効率化を考えられてるのよ」

「机の上に『積ん読』で本を重ねて置いておくと、そのなかでもよく手に取る本が上のほうに来て次も取りやすくなる、みたいな感じですね」

最新技術が効率を考え抜かれて組み合わさっている物流センター。その内部を初めて見て、ミナミは感心することしきりだった。

ユキも興味津々といった様子で尋ねる。

「めちゃめちゃすごいっす！　でも、商品の場所がどんどん変わっちゃっても、ロボットはちゃんとそれを追いかけられるんですか？」

「もちろん」

間を置かず果穂は説明する。

「それを可能にするのがＷＭＳと呼ばれるシステム、それと人工知能なの。ただ場所を把握してるだけではないのよ。ロボットは空いている時間に、よく使うコンテナをできるだけ上のほうに積み上げたりしてる。人間が指示しなくても自律して動いてくれるなんて、めちゃくちゃ働き者でしょ！」

「へえ～」

ユキとミナミは、感動のあまり、そろって呆けたような声をあげてしまう。

梱包や発送のエリアにも、ふたりが見たこともない機械がたくさんあった。

商品バーコードをスキャンするだけで、仕分け用コンテナの蓋が自動で開き、そこに商品を入れるだけで行き先ごとの仕分けが完了するという仕分けシステム。

商品の3辺の寸法をスキャンするだけで、ダンボールがカットされて最適なサイズの箱が自動で作成されるシステム。

納品書の挿入や、梱包、荷札の貼り付けもすべて自動で作業してくれる梱包システム。

果穂の説明では、こうした技術の数々により、倉庫内を歩き回ったり重い荷物を運んだりする必要がなく、人が楽に作業できる環境が整っているのだという。さらに、梱包の仕方などに個人差がなくなり、誰がやっても品質が確保されるメリットがあるのだとか。

コロナ禍においても、人が動き回らずに作業ができ、省人化が進んで密集することも少ないので、物流センターでクラスター（感染者集団）は発生していないという。

「どこもかしこも、見てるだけですっごい楽しい！　テーマパークみたい。久しぶりに家から出たけど、ちょっと見ない間に世の中は進化してるんですねえ」

ユキがとぼけた様子で言うので、ミナミも果穂も思わず笑ってしまった。

ひと段落したタイミングでミナミは尋ねてみた。

「果穂さんの会社は、このセンターに入っているロボットを動かすシステムを作っている、ということなんですか?」

「うーん。なんて言えばいいのかな、システムはもちろん導入させてもらってるけど……」

果穂は少しのあいだ、両手の指を胸の前で合わせるような仕草をしていたが、再び言葉を続けた。

「ロボットや機械にはそれぞれベンダーさんがいるので、開発はそうした専門の会社がやるのね。私たちの仕事は、クライアントさんが叶えたい要望をくみ取って、それを実現するための方法を考えることね。だから、やみくもに最新技術を入れて自動化すればいいってものでもなくて、必要に応じてパートナーの企業がもっている専門技術やノウハウを組み合わせていく。そうやって、この物流センター全体を最適に稼働させて、クライアントの会社さんの経営にとってこのセンターが果たすべき役割を実行できるようにしていく、っていうところかな……。なんか、言葉にすると難しいね」

少し照れくさそうに果穂は笑う。

「なんとなくですけれど、わかります」

ミナミは何かを噛みしめるように頷くと、自分に言い聞かせるような口ぶりで言った。

「働く人たちも、その先にいるお客さんも、みんなが幸せになれるように……。人と技術をつなげていく仕事なんですよね。どんなによい商品や店舗があっても、物流がしっかりして、そこにヒトやモノをつなげていかないと、誰のところにも届かないですからね」

◆16

エヌ・スクウェアの物流センターの見学に行ったことを、ミナミは翌週のゼミで報告した。

さっそく興味をもったアタルが手元のスマホで検索していた。

「うわ、すごい。エヌ・スクウェアの埼玉にある物流センター。紹介動画がいくつもアップされてますよ！　これはすごい設備かも」

新しいガジェットが好きなアタルには、いろいろな種類のロボットが活躍する最新の物流センターは、文字通りエンターテインメントに見えるのだろう。

一方で、アタルのスマホ画面をのぞき込んだ隣のゼミ生は率直な感想を述べた。

「でも、たしかに最新の設備なんでしょうけど、つくるのに相当なお金がかかってるんじゃないですか。物流センターにそこまでお金を使って会社は大丈夫なんでしょうか？」

そんなやり取りを聞いていた秋山は、うんうん、と首を縦に振った。

「それは大事な視点だね。なぜエヌ・スクウェアは物流センターにそれだけ投資しようと考えたのかな？　そこにはどんな理由があったんだろう？」

教授の問いかけに、ゼミ生たちは顔を見合わせて思案する。ミナミもそこは気になっていたところで、果穂に今度聞いてみようと思っていたところだった。

「自社の技術をアピールするため、じゃないかな？」

「これだけの設備があれば、単純に荷物を運んでほしいという企業もあるんじゃない？」

「クライアントからの要望を全部叶えようとした結果、あのセンターになったのかも？」

ゼミ生の間ではこういった意見が交わされていた。

それを聞いていた秋山は、軽く2回うなずくと、ミナミのほうを向く。

「実際に物流センターを見学してきて、青山さんはどう思った？」

（やっぱりきたか……）

内心そう思いつつ、ミナミは胸の中にあるふわっとした感覚を正直に述べることにした。

「なんだか、並々ならぬ決意を感じたんですよね。『最新鋭の物流センターをつくったからには、もう一歩も後には退けないぞ！』というか……。漠然とした意見ですみません」

「たしかに、漠然としてるけど、実はそこが核心かもしれないな」

秋山は少し笑いながら、話を続けた。

「みんなが出してくれた意見も、外れてないんだ。最新鋭の物流センターをつくった理由は、当然だけどひとつじゃないからな。さて、青山さんが言った『決意』というのは、企業に置き換えると『企業理念』とか『ミッション』などという言葉で表わされることが多いね。ちょっと、エヌ・スクウェアのウェブサイトを見てみよう」

秋山は手元のタブレットを操作して、会社の公式ホームページにアクセスする。そこから、〈企業理念〉という項目を表示すると、ゼミ生たちに画面を見せた。

「エヌ・スクウェアのウェブサイトにある企業理念のひとつに『日本のモノづくりを支える』という言葉があるね。モノづくりと一言でいっても様々な分野があるけど、エヌ・スクウェアが支えるモノづくりって、どんなものかな?」

自分のスマホで同じサイトを見ていたアタルが、その問いに答える。

「この会社は、機械工具とかの卸売商社でしたよね? ということは、ＢｔｏＢの会社だから、商品の工具を届ける相手も仕事で使うわけですよね。だとすると、必要なときにその工具がないと仕事にならないから、ヤバいことになっちゃう」

ミナミもわが意を得たかのように続いた。

「そうそう、アタルの言う通りだと思う。物流センターに行ったとき『ここは巨大な工具箱みたい』と感じたことを思い出した。工事現場の職人さんが、ネジとかドライバーとかを細かく小分けにして持ち運んでいる、あの工具箱がそのまま大きくなって、種類と数がめちゃくちゃ増えたって感じだったんだ！　だから、仕事の現場に行った職人さんが、工具が足りないって困らないように、たくさんの在庫を揃えているんだと思った」

「うん、いい線いってるよ」

秋山もミナミの言葉に同意した様子だった。

「エヌ・スクウェアの『日本のモノづくりを支える』という企業理念、それを具体的に落とし込んでいくと、いまふたりが言ったように、『必要な工具が、必要なときに揃えられる』ことが何よりも大事になるんだ。そのために、たくさんの種類の商品の在庫を揃えておかなければいけないし、注文が入ったら、一刻も早く届けなければいけない。最新鋭の物流センターや、ロボットなどの設備は、その目的を果たすために必要な投資だったんだよ」

ゼミ生たちが言葉の意味を理解するのを待って、秋山が再び話し始める。

「このように、企業の経営戦略と直結して、物流を戦略として捉えた概念のことを『ロジスティクス』と呼ぶんだ。エヌ・スクウェアは、単にモノを運ぶ手段として物流を考えているのではないのだろう。企業理念を実現するための戦略として、ロジスティクスを用いたとでも言うべきかな。結果として、あれだけの多品種の商品を、短期間で届けられるということが、企業として他社と差別化するオンリーワンの付加価値につながったんだ。みんな、ピーター・ドラッカーの名前は聞いたことあるかな？」

一瞬、ゼミ生たちはキョトンとした様子だった。ミナミが沈黙を破って口を開く。

「『マネジメント』とかを書いた、アメリカの有名な経営学者ですよね？　私も読んだことないんですけど、ルームメイトの本棚にあった気がします」

秋山が笑う。

「いちおう、正解かな。経営学部だったら、みんなもドラッカーの1冊くらいは読んでおいてほしいところだけどね。現代経営学の父といわれるドラッカーは、物流を『最後の暗黒大陸』と呼んだ。誰も注目していないけど、大いなる可能性を秘めた未開のフロンティア、という意味だと考えていいだろう。これからの時代は、物流、そしてロジスティクスの競争に勝った企業こそが、最終的に生き残るだろう。みんなもそのことは覚えておくといいよ。じゃあ、今日はここまでにしよう」

秋山は話し終えると同時に、持っていたタブレットの電源をオフにした。

［解説］

物流とロジスティクスは「似て非なる概念」

「物流」と「ロジスティクス」というふたつの言葉があります。このふたつの言葉は、同じ意味のように使われることもありますが、本来はきちんと区別する必要があります。

第1章でも触れた通り、物流とは「モノ（商品）を、必要な時に、必要な場所へ、必要な量だけ運ぶ」活動といえます。

一方でロジスティクスという言葉を和訳すると「兵站《へいたん》」になります。兵站とはもともと軍事用語であり、軍事品や装備品などの物資、あるいは兵員を、前線に供給する方法や運営のことを指します。ちなみに物流の英語訳はロジスティクスではなく「ディストリビューション（distribution）」ですので、このことからも物流とロジスティクスは「似て非なる概念」だとわかります。

ビジネスにおいてはロジスティクスという言葉を「物流戦略」という意味で使うことが多いです。生産に必要な原材料調達に始まり、生産↓流通↓販売にいたる一連の流れを総合的に管理してコストも含めて最適化する企業戦略、と考えればよいでしょう。

戦国時代のいくさでは、敵の補給路を断って食料や水が届かないようにする「兵糧攻め」という戦法が用いられていました。一方で太平洋戦争では、兵站を考えずに南太平洋へ戦線を拡大してしまい、補給路を断たれた前線の兵士が飢餓に苦しんだあげく戦いにも敗れるという悲惨な事態を招いています。

ビジネスでも同じです。ロジスティクスを企業戦略に結びつけてきちんと考えられるかどうかが、単なるコスト削減にとどまらず、競合他社との差別化や販売力強化にもつながり、ひいては企業が生き残れるかにも直結します。

企業において、従来は製品開発、あるいは営業・販売といったセクションが脚光を浴びがちでした。しかしいまやロジスティクスこそが、経営戦略の中核を担う存在として注目されるようになってきたのです。ロジスティクスを考えずに売上を向上させ、利益を確保することはできないのです。あらゆるセクションの責任者や経営陣がロジスティクスを理解することで企業を勝ち戦に導くのです。

ロジスティクスによって大きく成長した企業

ロジスティクスによって大きく成長した企業は多数ありますが、ここでは代表的な6つの会社について触れておきましょう。

①アマゾン

米国の主要IT企業4社「GAFA（グーグル、アップル、フェイスブック、アマゾン）」の時価総額は、日本株全体を超えるまでにいたりました（2021年8月時点）。

その一角を担うアマゾンは、まさにロジスティクスによってEC分野を代表する世界的企業へ成長したのです。1994年創業のアマゾンは当初、ネット通販の書店でした。しかし現在では、食料品から服飾、家電まで、ありとあらゆる商品が手に入るECサイトとなりました。

本国アメリカでは、リアル店舗をもつ小売業ウォルマートとの間で、生鮮食品の分野で激しい競争が繰り広げられました。アマゾンは店舗がない分、物流センターを各地にかまえ、「デリバリープロバイダ」という専門の配送業者や、個人に配送を委託する「アマゾンフレックス」などのシステムを用いて、消費者が求める配送サービスを提供しました。このあたりは第2章でも触れた、日本での物流戦略とも同様です。

アマゾンは、消費者が買いたいと思ったものは、何でも見つけられるように、そして注文すれば届けられるようにすることを目標にしています。そのための投資を惜しみません。売上（AWS［アマゾン ウェブ サービス］を除く）に対する配送費の割合は、2000年（約12%）から09年（約7%）までは下がり続けていましたが、その後は上昇に転じ、19年には約15%にまで増えています。これは効率化が進んでいないというよりは、あえてコストをかけてでも消費者の満足度を追求していると考えるべきでしょう。

②ユニクロ（ファーストリテイリング）

〈ユニクロ〉ブランドで知られるファストファッション大手のファーストリテイリングは、2016年に有明本部倉庫（東京都江東区）が稼働しました。EC出荷拠点にあえて本部オフィス機能を置いたところに、物流分野を重視する姿勢が表われています。物流システム機器大手のダイフクや、ロボットベンチャーのMujinと組んで、全世界の倉庫の自動化を推進。さらに2020年11月に定款を変更。事業目的に「倉庫業及び倉庫管理業」「運送取次事業」を追加し、本格的に物流分野へ乗り出しています。

倉庫自動化のカギとなるのが、「RFID」です。RFIDとは、電波を用いて非接触でタグの情報を読み取るシステムですが、複数を一括で読み取れるという特徴があります。1点ずつバーコードで読み取るよりもはるかに速い速度で処理できるのです。

海外で生産された商品が国内の倉庫に運ばれてくると、RFIDによって自動検品が行われます。その後、自動梱包、自動仕分けされ、国内の各店舗へと配送されます。またRFIDは、店舗での精算時間の短縮化も実現し、レジ待ち行列の解消にもつながりました。

ファーストリテイリングが物流分野での改革を進めるのは、日本全国どの地域でも、あるいは全世界どの国でも、ユニクロというブランドの水準を一定に保ちたい、という経営判断があるからでしょう。同社は「無駄なものをつくらない、売らない、運ばない」を目標に掲げ、グローバルサプライチェーンの改革を経営の最優先課題として捉えているのです。

③ZARA（インディテックス）

「ファストファッション」とは、最新の流行をいち早く取り入れ、かつそれを低価格で提供するファッション専門店チェーンやその商品のことを指します。日本でも2010年頃から定着してきました。世界的には、業界1位の〈ZARA〉（インディテックス社、スペイン）、2位の〈H&M〉（スウェーデン）、3位の〈ユニクロ〉（ファーストリテイリング社、日本）の「3強」が有名です。

ZARAの物流戦略については第1章でも少し触れましたが、2週間という短期間のサイクルで新しい商品を導入し、鮮度の高さを消費者にアピールしています。商品のおよそ6割は自社もしくは近隣国にある8つの工場で生産し、いったんスペインに納品した後、全世界の店舗へと航空便で運ぶという物流網を構築しています。スピード勝負の業界らしく、出荷指示から36時間以内でヨーロッパ中の店舗に商品が届き、48時間以内で全世界の店舗に商品が届けられるのです。

完成した商品はできるだけ早く売場に届け、販売機会のロスや無駄な在庫をなくし、利益を拡大させる。そうした経営戦略に基づいた物流網が構築されているのです。

④ヨドバシカメラ

家電販売大手のヨドバシカメラは、1995年からすでにECサイトをオープンし、オムニチャネルという言葉が一般的でない時期から、消費者の利便性を高める対応に力を入れてきました。同社の「ヨドバシ・ドット・コム」は国内ECサイトの売上ランキングで第2位です（2019年、1位はアマゾン）。

ヨドバシカメラが2016年に開始したEC自社配送サービス「ヨドバシエクストリーム」は、当初は東京23区内のみでしたが、現在では東京、神奈川、大阪、福岡など9都道府県まで対象地域が拡大しました。配送ドライバーは自社で雇用しています。購入商品が何円であっても配送料は無料。さらに、夕方までに注文すれば基本的には当日のうちに配達してもらえます。注文当日の配送時間指定はできませんが、ヨドバシ・ドット・コムで注文するとすぐに配送予定時刻をメールで知らせてもらえるので、顧客満足度は高いのです。

このようなきめ細やかなサービスは、自社で物流を行っているからこそ実現できるものでしょう。２０２０年度はコロナ禍の影響もありましたが、全社売上高に対するＥＣ売上比率が3割を超えました。オムニチャネル時代の先駆者として業界の先頭を走っています。

なお、ライバルのビックカメラは、２０１８年にこれまでの配送委託先だった運送会社エスケーサービスを買収し子会社化しました。両者のアプローチの違いが今後どのように影響していくのかも注目されます。

⑤ニトリ
家具大手のニトリホールディングスは、物流子会社のホームロジスティクスを通じて、配送や倉庫運営の自前化を推進中です。２０２６年までの5年間で物流部門に２０００億円という巨額の投資を予定しています。自前の物流センターを全国各地につくる計画です。

ニトリは家具の企画・製造・物流・販売をすべて自社で行う「製造物流小売業」です。ベッドやソファなどの大型家具を消費者が自分で持ち帰ることはできませんから、必然的に設置を伴った配送も自社で行う必要がありました。そのため店舗の新規出店も、配送が可能かどうかという物流面での裏付けをもとに行ってきたのです。

ニトリは「手ぶらｄｅショッピング」というアプリを展開し、リアル店舗で商品を見てオンラインで注文、あるいは逆にオンラインで注文し店舗で受け取り、といったかたちでオムニチャネル化への対応も進んでいます。一方で物流センターでも、日本でいち早く前述のロボットストレージシステムなどの自動化設備を導入しました。

配送や設置も自社で行うメリットは、消費者の要望を直接キャッチできるということです。例えば設置に手間がかかる家具があったとした場合、配送を他社に委託していたら、「設置に手間がかかる」というマイナスの情報が入ってこない可能性があります。自社で配送まで行うからこそ、改善点を見つけて企画や製造にフィードバックできるのです。まさに物流が経営戦略に直結した位置づけなのです。

⑥トラスコ中山

もうひとつ、ロジスティクスで大きく成長した企業として、トラスコ中山をご紹介します。トラスコ中山は１９５９年に創業された、機械工具をはじめとしたプロツール（工業用副資材）の卸売商社です。

まだ世間が物流のポテンシャルにあまり注目していなかった20年前の時点で「物流を制する者が、商流を制す」とのスローガンを掲げ、現在は国内に27カ所の物流拠点を設置。

2018年には同社最大の物流センター「プラネット埼玉」（埼玉県幸手市）が稼働しました。「ロジスティクス ワンダーランド」として位置づけられたプラネット埼玉では、省人化・効率化・自動化をベースに、多彩な物流設備を設置して高密度収納と高速入出荷を実現しました。50万アイテムが収納可能で、プロツールの即納体制を敷いています。

同社の物流センターに「プラネット」という名称が付けられているのは、物流センターを中心とした惑星の軌道のように、配送ルートを全国に構築しているからです。物流センターと、片道2～3時間圏内にあるサテライト（衛星）支店とは、固定ルートで1日2便、自社配達便が荷物を運んでいます。同時に、ルートの範囲内にある販売店から注文が入れば直接、自社便で商品を届けます。また、固定ルートを回る自社配達便にすることで、一般的には変動費として考えられる物流費を固定費として置き換えることが可能になりました。

物流センター自体の「省人化・効率化・自動化」に加え、自社配達便の体制を完備することで、他社の追随を許さない多品種の商品を揃えながらも、注文の即日または翌日午前中の配送を実現しました。これらはすべて「日本のモノづくりを支える」という同社の理念が反映されたものだといえるでしょう。

このような取り組みが評価され、トラスコ中山は経済産業省と東京証券取引所より、「DX銘柄2021」に、前年に引き続き2年連続で選定されました。

最先端の物流センターをはじめとする物流体制が、トラスコ中山に新たなビジネスチャンスを呼び込んでいます。従来は、取引先企業の物流センターに商品を配送していましたが、それを取引先の顧客へ直接、トラスコ中山が配送するケースが増えているのです。顧客からの注文はその取引先が受けますが、商品は取引先を通さず、トラスコ中山からその先の顧客へと直送されるのです。

取引先からすれば、自社で在庫や物流センターを抱える必要がなく、コストの削減になります。トラスコ中山からしても、自社で投資して構築した物流体制を活用して、新たな売上を立てることができる。「Ｗｉｎ‐Ｗｉｎ」の関係です。

トラスコ中山は、ロジスティクスを経営戦略の中心に位置づけて成長しているモデルといっていいでしょう。

物流は「コスト」から「投資」へ

２０２１年度、東京都の最低時給は１０４１円です。10年前の２０１１年度、同じく東京都の最低時給は８３７円でした。この10年間で約１・25倍に上がっています。それに伴って、物流にかかるコストも上昇傾向にあります。

こうしたなかで、物流を経営戦略と直結したロジスティクスとして捉え直して、物流の「自前化」に踏み切る企業も増えてきました。本章でも触れた、ユニクロ、ヨドバシカメラ、ニトリなどはその典型です。

その他にも、小売業を中心に物流の自前化の動きがあります。例えばイオンが２０２３年にネットスーパー専用の物流センターを千葉市内に稼働予定ですし、セブン＆アイホールディングスも同じく23年に「イトーヨーカドーネットスーパー」専用の物流センターを神奈川県内に稼働する予定です。

加えて、背景にあるのはＥＣサイトによるネットショッピングの活況です。コロナ禍にあって、２０２０年の物販ＥＣ市場は12・２兆円となり、これは前年比22％増という驚異的な伸び率です。ＥＣ化率も８％に達しました。一方、生鮮食品の分野ではＥＣ化率がまだ３％台にとどまっており、前述のイオンやセブン＆アイはこの分野の「伸びしろ」を狙って物流の自前化に踏み切ったのでしょう。

もちろん、物流の自前化は、商品量のある大手だからできるという現実はあります。しかし、物流に力を入れなければ同業他社と差別化ができないという危機感もあるのです。

単なるコストとして物流を捉えるのか、それともロジスティクスとして長期的視野で投資していくのか。業界を問わず、あらゆる企業に突き付けられた課題といえるでしょう。

消費者の利便性という観点で差別化を考えるならば、「モノが早く届く」に越したことはありません。労働人口が減り人件費が高騰するなかで、物流センターを24時間365日稼働させたいというニーズが高まってきています。そのような時代の物流への投資が、「自動化」に向かうのは必然なのです。

第6章 人間とロボット、どっちが有能？

——自動化と省人化は実現するか

［ストーリー］ミナミ、仕事の厳しさを知る

◆17

「いままでうまくいってたのに、なんでわざわざやり方を変えようとするんだ⁉」

会議室に大きな声が響いた。

倉庫や物流施設が立ち並ぶ東京のベイエリア、有明の一角。中堅アパレルメーカー〈リバークロス〉の、3階建ての物流センター。大きな窓から秋の高い空とレインボーブリッジを臨む、最上階の会議室では、侃々諤々《かんかんがくがく》の議論が繰り広げられていた。

15人ほどの参加者の視線は、室内中央のスクリーン前で、新たなシステム導入のプレゼンテーションをしている北川果穂に注がれている。チャコールグレーのパンツスーツに身を包み、背筋をピンと伸ばして立ち、果穂は参加者の視線を真正面から受け止めていた。

その脇でプロジェクターの操作を手伝うミナミも、緊張のあまり手のひらに汗がにじむ。胸には果穂と同じく〈ディーヴァ・ロジスティクス〉との社名が記されたネームプレートを付けている。インターンを始めて1カ月が過ぎたミナミは、果穂が以前より物流センターの改善業務にあたってきたリバークロスへのプレゼン手伝いに同行したのだった。果穂はこの

物流センターには1年ほど通い、現場で一緒に荷物を運んだりもしたらしい。

今回、果穂が導入を提案しているのは、倉庫全体の動きを管理できるシステムで、それを導入することでロボットやマテハン機器（物流施設での荷役作業を行う機械）の活用が可能になるという。会議室に集まっているのは、同社の物流部門の人たちだ。

しばらくの沈黙の後、果穂が口を開いた。

「浜岡センター長がそうおっしゃるお気持ちも、よくわかります。しかし、いつまでも従来通りの、人海戦術に頼るようなやり方では、この物流センターの業務が成り立たなくなってしまうのではないでしょうか？」

1席ごとに間隔を空けて座っている参加者たちは、隣の者と目を合わせたり、思案しながらも自分の意見を決めかねている様子だった。ひとり、浜岡と呼ばれた恰幅のよい男性は、腕を組んだまま微動だにせず果穂を見つめている。

そんな様子を見ながら果穂は話を続ける。

「わが社の倉庫管理システム〈WMS〉と倉庫制御システム〈WCS〉を導入することで、物流センターの自動化と省人化を推進することができます。もう、皆さんが伝票に手書きで数字を記入したり、商品を探して倉庫内を歩き回ったりしなくても済むんですよ！」

おおっ、と感嘆するような声がどこからか聞こえてきた。

やがて参加者たちも思い思いに発言を始める。

「倉庫を何往復もしなくて済むのはありがたいよ」

「これで少しは残業も減るんじゃないかな」

「手書きで伝票を書いていると、どうしても数が合わなくなるからね。デジタルで管理してもらえれば間違いも減るだろう」

こんな肯定的な意見が出てきた一方で、心配する声もあがった。

「商品によって形状や梱包方法も全部違うのに、機械的に在庫管理できるのかな？」

「せっかくいままで蓄積してきたノウハウが、全部無駄になるってこと？」

「季節のセール品とか、急に運ぶモノが増えたりしたときでも、みんなで頑張って発送してきたんだ。そういった臨機応変な対応は、人間じゃないと無理なんじゃないか？」

参加者たちは思い思いに意見を述べていたが、ひと段落したとき浜岡が立ち上がった。

「北川さん、さっきは大きな声を出して、申し訳なかった。けれどもやっぱり、僕はＷＭＳの導入には、まだ賛成できないんだ」

先ほどとは打って変わり、浜岡はゆっくりとした口調で話し始める。

「自動化や省人化で、コストも削減できて、作業効率も上がる。会社としては万々歳かもしれない。だけどね北川さん、あなたがパソコンの画面で動かしている数字の向こうに、生身の人間がいることを忘れないでくれ。省人化されて、いらなくなった人はどうすればいいんだい？　いままで一緒にやってきたパートさんたちの仕事を、僕に切れというのか？」

浜岡の重たい言葉が、会議室の空気を支配した。

結局、新しい倉庫管理システムの導入については継続して検討するということで、今日の会議はお開きとなった。

リバークロスの物流センターを出て、新交通ゆりかもめのお台場海浜公園駅まで歩く。湾岸に吹く風は冷たく、冬の訪れを予感させるには十分だった。

「やっぱり浜岡センター長は手ごわいな～。ミナミちゃん、横で見ていてどうだった？」

隣を歩くミナミに、果穂が明るく話しかけた。

少し考えてからミナミも答える。

「私、このあいだ連れて行ってもらった埼玉の物流センターの印象が強すぎて……。あんなに便利な設備が入るなら、誰もが大賛成だとばかり思っていました。でも、実際にその場所で働いている方々には、いろいろな思いがあるんですね」

「そうなのよね。でも……」

果穂は秋空を見上げながら、自分に言い聞かせるかのようにつぶやいた。

「浜岡さんが考えているのは、センターで働く人たちの幸せ。でも私だって、センターで働く人たちの幸せを考えてる。どこかで結びつくはずなんだけどな……」

◆18

家に帰ったミナミは、共有スペースのダイニングテーブルでホットコーヒーを飲みながら、今日の出来事をユキに話した。

「へえ〜。果穂ねーさん、大変だったんだな。ミナミもおつかれじゃ」

先日の物流センター見学についてきて以来、ユキも果穂のことを慕うようになり、勝手に「ねーさん」などと呼んでいる。

ミナミは苦笑しながらも、マイペースなルームメイトの様子に、ようやく緊張がほどけていくのを感じていた。

「ほんと、私は横でパワーポイントの資料をプロジェクターで映してただけでも、すごく緊張しちゃったよ。でもそのセンター長さんの言うこともわかるし。『パソコンの画面で動かしている数字の向こうに、生身の人間がいることを忘れないでくれ』って、一日中パソコンばっかり見ているユキに聞かせてあげたいセリフだったね!」

「そりゃ、一本とられたわ〜」

ひとしきり笑い合うふたり。

やがてユキが真面目な顔になってぽつんと言った。

「ミナミは、就職どうするの？」

「へっ⁉」

突然の問いかけに、虚を突かれるミナミ。

ユキは淡々とした口調で続けた。

「このあいだ物流センターにくっついて行って、超感動したんだよね。あれから、ロボットとかAIのことを調べてるんだ。ロボットといえばゲームかアニメの世界の話だと思っていたけど、産業用ロボットが実用化されているのを見て、本当にすごかった。将来、ロボット作ったりできたら面白いかな……なんて思ったりしてね」

ふと我に返ったのか、照れくさそうに言葉を切ったユキ。

ルームメイトのそんな心中を初めて聞かされたミナミは、胸のうちからうれしさがこみあげてくるのを覚えていた。

「すっごい、素敵！　絶対に向いているよ。ユキが世界を変えるようなロボット作ってくれる気がする。そしたら私、そのロボットをいろんなところに営業いって売り込むから！」

ふたりはそのまましばらくおしゃべりを続けていた。

夜になり、自室でノートパソコンを開いたミナミは、メールの文面を打ち始めた。
あて先はゼミの教授である秋山。今日、プレゼンに同行したことを報告するのと同時に、帰り際に果穂が言った一言が気になっていたからだ。

〈――そんなわけで、次回のプレゼンにも同行することになりました。果穂さんは、「センター長も私も、働く人たちの幸せを考えているのは同じ」とおっしゃっていました。秋山先生は、ふたりの立場でも、納得しあえるポイントがあると思いますか？　果穂さんがセンター長を説得して倉庫管理システムを導入することはできるでしょうか？　青山ミナミ〉

1時間ほどして、秋山から返信メールが届いた。

〈――これまで僕はたくさんの物流センターへの、自動化・省人化のシステム導入に携わってきた。もちろんなかには「働く場所がなくなる」という拒否反応をする人もいた。でも長いあいだ物流センターで働いてきた人たちは、自動化や省人化が実現すると「やっと働きやすい環境になった」と思ってくれた人が多かったんだ。

それに、働く人にとってもチャンスがあると思う。センターの生産性が上がれば、給料も増える可能性がある。さらに、ただシステムやロボットと一緒に作業をするだけではなくて、この機会にシステムやロボットを使いこなす側、マネジメントする側になろうと思う人にとっては、これ以上ない勉強のチャンスだよね。産業用ロボットの導入がまだまだ進んでいない物流業界だけど、だからこそ、いち早くロボットと働く経験をすることが有利になる時代が来ているのかもしれないとも思う。

北川さんにも、よろしく伝えてください。秋山〉

◆19

2週間後。果穂とミナミは、再び有明のリバークロス物流センターに向かっていた。前回とは違い、いまにも雨が降り出しそうな曇り空の下、ふたりは駅から歩いていた。

道すがら、ミナミは秋山からのメールの内容を伝えた。

「なるほどね〜。私も浜岡センター長も、センターで働いている人のことを考えてるのだから、どこかでわかりあえるかも、と思ったのはあながち外れてないのかもね」

ブラックのスーツを着た果穂が、ミナミの言葉にうなずいていた。

「どうですか、今日の勝算は？　なんて、失礼なこと聞いちゃってすみません」

マスクをした口を思わず押さえるミナミ。果穂は意にも介さないように、顔の前で手を左右に振る。

「いーのいーの、気にしないで。結局、なるようにしかならないんだから。でも、私なりに真剣に考えたのよ。秋山先生のメールに書いてあったことは、切り札にとっておくか」

そんな会話をしているうちに、リバークロスの物流センターに着いた。前回と同じ会議室に通される。参加者は20名程度に増えていた。壁時計の針は午前10時を指している。

ミナミがノートパソコンとプロジェクターを接続しようとしていると、果穂がそれを片手で制した。

「資料は前回見ていただいたので、もういいですね。今日は思いっきりケンカしませんか？」

（えっ、果穂さん、そんなこと言っちゃって大丈夫なの？）

慌てて手を止めたミナミ。果穂の視線は、物流センター長の浜岡に向けられていた。

苦笑いする浜岡。

「いやいや、北川さん、前回のこと怒ってるのかい？　僕だって、北川さんや、ディーヴァ・ロジスティクスの人にはお世話になってきたんだから、何もケンカなんて……」

冗談めいた口ぶりでそこまで話したところで、浜岡は自分を見る果穂のまなざしの真剣さに気づいた。改めて果穂に向き合う。

「わかりました。じゃあ、紳士的にケンカをしましょうか」

浜岡はそう言うと、立ち上がって会議室の中央にあるホワイトボードの前に向かった。

180センチ以上はあるのだろうか、大柄な浜岡が立って話すとそれだけでミナミは威圧感に押されてしまった。

ペンを取り、ホワイトボードに何かを書こうとした浜岡だが、思い直したように手を止めて果穂のほうを向いた。

「WMSの導入にいま賛成できない理由に、きちんと答えてくれれば、僕だって納得できるよ。まず聞きたいのが、いままでのやり方でなんでダメなのか、ということだ。たしかに古いやり方かもしれない。でも、うちの会社は営業がいきなりセールやるとか、直前になって無理なことを言い出す。そのときに、みんなで一丸となって頑張って、どんな要求にも答えてきたはずじゃないか。それなのに、会社は何が不満なんだ?」

会議室に集まった全員の視線が、果穂に集中した。心なしか、頬が上気しているようにミナミには見えた。

「会社は不満には思うわけないじゃないですか。皆さんの頑張りに感謝しているでしょう」

努めて冷静な口ぶりで、果穂は告げた。浜岡もうなずく。

「北川さんだって、夜中まで一緒になってピッキング手伝ってくれたことあったじゃないか。だからわかるだろう。それだけの思いで、みんな頑張ってきたんだ」

「浜岡さん。だからこそ、なんですよ」

一呼吸おいて、また果穂が続ける。

「いままで、どれほど物流センターの人たちが頑張ってきたか。それは私だってよく知っています。でも頑張ってきたのだから、そろそろ、周りに振り回されないで自分たちの働きやすいペースで仕事ができるようになってもいいんじゃないですか？　私には、皆さんにその権利があると思うんです」

「権利？」

浜岡は、怪訝そうにその言葉を繰り返した。

「そう、権利です。もしくは、主導権と言ってもいいかもしれません」

果穂も、ホワイトボードのそばに歩み寄ると、浜岡が手にしていたペンを受け取った。

そしてホワイトボードにこう記した。

〈WMS＝倉庫管理システム＝在庫管理、受発注管理、モノの流れのマネジメント〉

書き終えると、再び浜岡に向き合う。

「WMSは倉庫管理システムです。この物流センターにやってきて、そして出ていくすべてのモノの流れをマネジメントできる仕組みです。動いたデータも当然、蓄積されていきます。ということは、そのデータをもとに、物流センターから営業に提案できるわけですよ。『前回、無理を押してやったけど、結果の数字はこうだったよ』『だから今後はもっとこうしてほしい』と、物流センターから堂々と要求ができる。その材料にもなるんです」

浜岡をはじめ、参加者から異論がないのを確かめると、さらに果穂は続けた。

「いつも営業から無理を押しつけられて、臨機応変に対応するのも、大変じゃないですか？　だったら、事前に物流センターの意見も聞くかたちで計画が立てられれば、人の準備もできますし、皆さんが徹夜をしたりしなくてもモノが回るようになる。そういう環境のほうがいいじゃないですか。浜岡さんだって、奥さんやお子さんと休日を一緒に過ごしたいですよね？」

果穂が笑顔でそう水を向けると、浜岡も「そりゃ、そうだ」と照れくさそうに答える。会議室の空気が一気に和んだ。

（すごい、果穂さん、カッコいい。しなやかだけど、一歩も引かない）

緊張していたミナミもようやく、落ち着いてやりとりを聞けるようになっていた。

「それは、よくわかったよ」

浜岡は静かに言う。

「でも、やっぱり自動化であり省人化ありきのシステムなんだろう？　じゃあ、いらなくなった人たちはどうすればいいんだい？　物流センターって、一番しんどい仕事さ。それを一生懸命やってきた人たちを、会社の業績が悪いからってリストラしたり、倉庫を閉鎖したり、どこの会社もそんなことばっかりやってるじゃないか。ＷＭＳを入れて、それがいずれスタッフのリストラにつながるのを、僕は恐れてるんだ」

「そこですよね……」

浜岡の訴えに、果穂も言葉を詰まらせる。ふと視線を横に向けた瞬間、ミナミと目が合った。果穂は、ハッと何かを思い出したような表情をすると、ニコッと笑う。

「浜岡さん、システムやロボットを導入しても、人間でなければできない仕事は必ず残ります。そしてもうひとつ、今回のシステム導入は、私は大きなチャンスだと思いますよ。これからの時代、どんな業界でもシステムやロボットの導入は必然だと思います。だったら皆さんこそがシステムやロボットを使いこなすマネジメントを身に着ければ、ものすごいアドバンテージだと思いませんか？　それに……」

「それに？」

浜岡の声に、何人かの声が重なった。

「物流センターの生産性が上がれば、皆さんのお給料が増える可能性もありますよね！」

果穂の最後の一言で、浜岡の顔もほころんだ。

「わかった、わかった。ケンカは僕の負け。北川さんの勝ちだ！　物流センター長として、倉庫管理システムの導入を本社に正式に申請を出すから。北川さん、これからもよろしく面倒見てやってください」

大きな体を縮ませるように、殊勝に頭を下げる浜岡の姿に、会議室に集ったスタッフたちも皆、笑い出した。果穂も、ミナミも、つられて大笑いしていた。

リバークロスの物流センターを出た頃には、もう12時になろうとしていた。

「あー、ホッとした。秋山先生のメール、教えてもらって助かったわ！　それにしても、おなかペコペコ。ミナミちゃん、どこかでランチしていこ！」

果穂が両腕を天に突き上げるようにして、ぐっと背伸びをする。

「本当に、おつかれさまでした。私、感動しました！」

緊張から解き放たれたミナミは、興奮して思わず心情を吐露してしまう。

「果穂さんの姿を見ながら、仕事って、働くって、こんなに厳しいことなんだと思いました。私はまだまだ、何も知らないんだな……」

ミナミの顔を見て、果穂はにっこりと微笑んだ。

「仕事は、厳しいから楽しいのよ」

果穂の言葉に、ミナミは胸にこみ上げるものを感じながら、深くうなずいていた。

曇り空の隙間からいつしか陽の光が差し込み、彼方に見えるレインボーブリッジを照らしていた。

［解説］

物流DXがもたらす価値

自動化・省人化を進めた物流センターで働く人たちからは次のような反応があります。

・労働環境が良くなる（歩かない、探さないなど）
・セキュリティが向上する（盗難抑止）
・現場で一度使ったら元の人力作業には戻れない
・ベテランと新人の差がつかなくなる（新人でも生産性が上げられる）
・柔軟性のある運用ができる（従来の固定的な機器と比較して）

これらは、どの物流センターでもほぼ共通の反応で、労働環境の改善、労働力不足の解消に貢献していることがわかります。しかし、物流ＤＸの本質は他にもあります。

第5章でも紹介した、機械工具の卸売商社「トラスコ中山」は、「ベストなものが、もうそこにある」の実現に向かって動き始めています。これは、ＡＩとロボティクスをさらに活用した「トラスコプラットフォーム」の構築に向けて「トラスコＤＸ２・０」を推進していくものです。２０２４年に開設予定の「プラネット愛知」（愛知県北名古屋市）は、

2018年に稼働した「プラネット埼玉」と比較して、入荷能力が約3倍、出荷能力も3・5〜4倍を目指しています。そして注目すべきは100万アイテムの保管を見込んでいることです。事実上、在庫条件をなくすことになり、顧客が必要とするすべてのアイテムを、必要なときに届けられるようになります。つまり、顧客へ提供できるサービスレベルが格段に向上します。人ありきの業務プロセスゆえに存在していた制約が取り除かれて、まったく次元の違う価値が提供できるようになるのです。これこそが、物流DXの本質です。

コロナ禍以降は、人間が多数集まって働くという形態自体が感染拡大のリスクも負いますので、自動化・省人化の流れは加速していくでしょう。しかし、それだけが物流DXの価値ではないことを示しています。

ロボット導入で物流センターはどう変わるか

人海戦術で業務を回していた物流センターがロボットを導入すると、どのような変化があるのでしょうか。

個別の機器については第5章のストーリー部分でも少し触れましたが、改めて主なものについて紹介しておきます。

例えば、荷物の仕分けや保管、出庫を機械が行ってくれる「ロボットストレージシステム（自動倉庫）」があります。ポピュラーな自動倉庫では、パレット（荷役台）やパケット（荷包）といった定型サイズの容器に商品を集めて、それを天井近くまである高層のラックにコンベアやクレーンで収納する形式がとられています。また、ラック自体を台車に載せて移動できる形式のものが「移動式ラック」と呼ばれます。通路が必要ないので、固定ラックよりは遥かに収納効率を高めることができます。

こうした自動倉庫は導入コストが高い一方で、繁忙期だけ荷物の量を増やすといった柔軟性はありません。そのため、一定サイズの荷物が長期間にわたって安定的に入出庫する、例えば工場に直結した物流センターのような施設に向いている設備です。

「自動棚搬送ロボット」は、商品を収納した棚ごと持ち上げて運ぶロボットです。たくさんの種類の商品を保管棚から取り出して梱包場所まで運ぶピッキング作業は、複雑であるがゆえに人間の手によって行われてきました。しかし、広い倉庫内を棚から棚へと商品を探して歩く作業は、従業員に多大な負担をかけることになります。

そこでピッキング自体は人間の手で行うにせよ、ロボットが棚を梱包場所まで運んでくれることにより、従業員は梱包場所から動く必要がなくなるのです。従業員の労働環境改善に大きな役割を果たしています。

完全な自動化ではなくても、人間との共同作業で効率化を図るための「協働ロボット」と呼ばれるものも存在しています。

例えばピッキングの際に従業員を先導するように目的の棚の前まで移動し、そこでディスプレイにピックアップすべき商品を提示します。従業員が指定の商品のピックアップが終われば、次に向かうべき棚へ自走し、先回りして従業員を待つのです。従業員が歩行する必要はありますが、行先を迷ったり、ピッキングのミスを防ぐという点で作業の効率化を果たしています。

こうした協働ロボットは、既存の倉庫設備にプラスアルファするかたちで導入できるため、初期投資が少なくて済むのもメリットです。

ロボットやマテハン機器、あるいはそれらを制御するシステムの導入は、物流センター全体を完全に自動化するのか、それとも一部を自動化して人間が作業する部分もある程度残すのかで、導入する機器や全体の設計はかなり変わってきます。いずれにしても、従来は長時間勤務で体力的にも大変だった物流センターの労働環境は、ロボットやマテハン機器の導入により、飛躍的に改善されてきているのです。

なお将来的には物流センターのみならず、物流にかかわるあらゆる分野の自動化・省人化が実現するでしょう。自動運転の技術は陸路のトラックなどだけでなく、海路の大型船舶でも実用化を目指した研究が進んでいます。第4章でも紹介したドローンは、ラストワンマイルの無人化に大きく寄与するに違いありません。自動化・省人化というトレンドは、物流業界全体を飲み込もうとしているのです。

WMS（倉庫管理システム）の効能

ここで、WMS（倉庫管理システム／Warehouse Management System）について触れておきましょう。

WMSとは、倉庫内の入出荷業務を支援しながら、在庫を正確に管理し、モノの流れ全体をマネジメントする、物流に特化したシステムです。ユーザーの受発注内容の特性や、商品のサイズ・重量・形状といった特性も加味しながら、倉庫全体の効率化や最適化を実現します。

WMSを導入することで、物流管理が容易になる、物流管理が可視化される、作業の標準化によるミスの軽減、ロボットやマテハン機器との連携による生産性の向上、作業データの蓄積による計画性の向上など、様々な効果が期待できるのです。

倉庫全体を管理するのがWMSだとすれば、倉庫内の設備を制御することに特化したシステムがＷＣＳ（倉庫制御システム／Warehouse Control System）です。倉庫内で稼働している個々のロボットの制御システムとソフトウェアが連携し、ロボットや自動設備といった機械を効率的にコントロールします。

整理すると、倉庫の中で動く自動設備やロボットを制御するＷＣＳが複数存在し、その上位にあるＷＭＳが倉庫全体を管理している、という枠組みになります。

ロボットが得意なこと、人間が得意なこと

「ロボット（あるいはＡＩ）と人間、どちらが有能なのか？」

こういった問題提起がなされることもありますが、物流センターの現場においては、いまのところ人間の「有能さ」には捨てがたい価値があります。それは「曖昧さ」という言葉にいい換えられるかもしれません。

物流の現場では多種多様な商品を扱います。例えば緑茶の５００ミリペットボトルがあったとしましょう。人間は、外観を見ただけで次のようなことを読み取ります。

「緑茶」「Ａ社の商品」「内容量は５００ミリ」

さらに、運ぶ際に必要な情報も瞬時にキャッチします。

「ペットボトルの柔らかさはあのくらいだから、力加減はこのくらいにしておこう」

こうした、運ぶ際に必要な情報は非常に曖昧です。人間は曖昧なものを、曖昧なままで掌握して、それに対処することができます。ロボットやＡＩはこの点で人間には遠く及びません。人間は「思ったよりも重たかった」と口にしてもそれを落としてしまうことはありませんよね。

囲碁や将棋の世界で、ＡＩが人間の棋士を破ってニュースになることがあります。囲碁も将棋も、相手がこれまで指した手や持ち駒など、すべての情報をお互いが把握している「完全情報ゲーム」です。情報が完全な場合、ＡＩは人間よりも圧倒的に早く正確な判断を下すことができます。同じように、物流でロボットやＡＩを導入する場合には、完全情報にする必要があるのです。

物流の現場で扱う商品は、様々な形状や材質のものがあります。サイズが同じでも突起物の有無で区別が必要だったり、形が同じでも柔らかくて強く握ると壊れてしまうものがあったり、置かれている向きが違っていたりなど、すべてをＡＩで識別できるとは限りません。現状では、曖昧さへの対処が求められる作業は人間が、規格化・標準化されて認識しやすいものはロボットが、というようにそれぞれの特性を生かして役割分担しています。物流センターの機能によっては完全自動化も可能ですし、まったく自動化できないこともあるのです。

第7章 物流で働く「プライド」はどこにある

——高度物流人材と物流の未来

［ストーリー］ミナミ、いよいよ就活に挑む

◆20

２０２１年になった。コロナ禍はいまだ明けず、感染者数の増減が報じられるたびに一喜一憂する日々は相変わらず続いていた。人々はコロナという感染症と共存して生きていくすべを模索し、新しい生活様式による新しい社会像がかたちづくられつつあった。

１月末、ミナミたちが通う学教館大学は、後期試験の真っ只中だった。

午後３時。大きな階段教室で、３年生の労働経済学のペーパーテストが終わったところである。ソーシャルディスタンスをとって席を１列おきに座っているので、定員の半分しか入っていないはずだが、それでも１００人近くの学生たちが退室するのには時間がかかる。なかには濃紺や黒色のリクルートスーツに身を包んだ学生もいた。

ミナミは教室を出ていく学生の列の最後についてステップを降りようとしたが、ふと後ろを振り返ると、階段教室の一番上の席で、アタルがひとり残ってタブレット端末をいじっていた。

「あれ、アタルもこの科目とってたんだっけ？　オンライン授業が多かったから、知らなかったよ。何してんの？」

声をかけたミナミに気がつくと、アタルはニコッと笑って右手を振った。

「ちょうどよかった！　ミナミ、ちょっとこれ見てみて！」

アタルは手にしていたＡ４サイズ大のタブレットの画面をミナミに向ける。歩み寄ったミナミがのぞき込んだ画面には、〈クラウドファンディング〉のウェブサイトが映し出されていた。ネットで自身の活動などを発信し、共感した人から資金を募る仕組みである。

「クラファン？　アタル何か始めるの？」

ミナミが尋ねると、アタルはタブレットを操作して別の画面を出す。図形描画ソフトで作成した何かの設計図や、数式が並んでいる。アタルがうれしそうに説明を始めた。

「俺さ、フリーイーツのバイトで、お客さんにモノを届けることの大変さを嫌というほど実感したんだよね。秋山先生がいう『ラストワンマイルの大変さ』ってやつだよ。それを解消する仕組みを、いま考えているんだ。もしもそれがかたちになりそうだったら、クラファンで資金調達して、自分で起業しようかと考えていてね」

ミナミは感心して思わず両手を叩いていた。

「へえ～。すごい！　そんなこと考えていたんだ」

大きな声を上げるミナミを前に、アタルはちょっと照れくさそうだ。

「そんなに言われるとちょっと恥ずかしいけどね。うちの父親がインド人のＩＴエンジニアだから、知り合いの技術者を紹介してもらったりして、いまはいろいろ聞いている段階。だから、まだ詳しいことは言えないんだけど……。ただ親父はアドバイスはくれるけど、あとは自分でやるしかないから。それでクラウドファンディングでお金集めて起業しようかな、と思ったんだ」

「起業、か……。みんな、いろいろ考えているんだね」

ミナミはふと、ロボットの研究をしたいと語っていたルームメイトのユキの顔を思い出した。大学3年の後期試験が終われば、いよいよこの春休みから就職活動が本格化する。会社説明会への参加やエントリーシートの提出、筆記試験や面接対策と、やることは山積みだ。友人たちが未来に向けて歩み始める姿に、ミナミも勇気づけられる気がした。

「アタル、すごいな〜。クラファンのサイト立ち上げたら送ってね。ちょっとしか出せないけど、必ず応援する！」

ミナミは両手を胸の前でぐっと握りしめて小さなガッツポーズをとった。

階段教室でアタルと別れた後、ミナミはゼミ室へと向かった。就活のことで秋山に相談があったのだ。

ドアをノックしてゼミ室に入ると、秋山はすでにコーヒーを淹れていた。

「先生、お待たせしてすみません。試験終わりにアタルと喋ってたら遅くなっちゃって。彼は起業を考えているみたいで、驚いちゃいました」

両手にコーヒーカップを持った秋山が興味深そうな顔をしてミナミのほうを向き直り、テーブルにそのカップを置く。ミナミは椅子に座るや否や、アタルから聞いた話を伝えた。

しばらく黙って聞いていた秋山は、やがて顔をほころばせた。

「へえ、それは面白そうだな。『ラストワンマイル』の問題は、本人もフリーイーツの宅配バイトでいろいろな経験をしただろうから、どんなアイデアなのか楽しみだね！　今度会ったら聞いてみるさ。

それで、青山さんはどうなの？　やっぱり、『やりたいことが見つかりません。どうしたらいいですか？』って感じ？」

少しからかうような秋山の口調に、ミナミは頬を膨らませる。

「もう先生、からかわないでください！　こっちは真剣なんですよ～」

「ははは、ゴメンゴメン。この時期に学生が相談に来るといったら、8割がた、『やりたいことが見つかりません』だからね」

秋山は顔の前の両手を合わせて、拝むようなポーズをして詫びる。

ミナミは、いまの率直な胸の内を吐露した。

「果穂さんの勤めている会社、ディーヴァ・ロジスティクスにインターン行かせてもらって、いままで考えてなかった物流業界というのがすごくリアルに感じられるようになってきたんですよね。ロジスティクスを支える企業は、人と社会のためになるし、これからも成長していくんじゃないかなって……。そういう業界を目指すのもありかなと思ったり……。でも、まだまだよくわからないんですけどね。先生は物流業界に長くいらっしゃったとうかがいましたが、なんで物流に決めたのかと思いまして」

「偶然だよ、ただの偶然」

間髪入れずに秋山が答えた。ミナミは思わず「へっ?」と間の抜けた声を出してしまう。

「もともとは新卒でプラントエンジニアリングの会社に入った。大きなプラント建設に携わりたかったのに、配属先がコンピューターの部署だったんだ。最初は『嫌だなあ、辞めたいなあ』と思いながら仕事をしてたよ。でもたまたま、工場から資材を運ぶトラックの運行管理をするシステムをつくったらうまくいって、そこから自社や顧客のSCM(サプライチェーン・マネジメント)システムの導入やBPR(ビジネスプロセス・リエンジニアリング)をどんどん任されているうちに、物流システム開発を行う会社にヘッドハンティングされたんだ。そこが、ディーヴァ・ロジスティクスの前身にあたる会社だったんだよね」

懐かしそうに秋山は振り返っていた。

「そうだったんですか、全然知らなかった……」

「その後はまた別の会社にヘッドハンティングされて、株式上場を手伝ったり、まあいろんな仕事をしてきたよ。だから、ＳＣＭやロジスティクス、ＩＴシステムも経営もわかるっていうのが珍しがられて、この大学からも声をかけてもらったしね」

そこまで話すと、秋山はコーヒーカップを口元に運んだ。しばしの沈黙のあと、再び秋山が口を開く。

「やりたいことが明確で、その通りの仕事ができる人なんて、世の中にはほとんどいない。第一志望の会社に入っても、そのなかでやりたい部署に配属されるかどうかは、運しだいだからね。まず興味をもったところにぶつかってみて、やってみた仕事が合うか合わないかは、それから考える。そのくらいでいいんじゃないかな。いつも言ってるように、ロジカルに物事を整理することができる人間なら、どこの業界でも活躍する場所はあるさ」

ミナミはコーヒーを飲むのも忘れて、秋山の話に聞き入っていた。

◆21

春休みに入ると、企業の資料請求やエントリーシートの準備など、あわただしい日々が続いた。会社説明会はオンライン実施の企業も多かったが、ミナミは説明会に出ると緊張からかどっと疲れてしまい、最初のうちは1日1件をこなすので精いっぱいだった。

ミナミがようやく神奈川の実家に帰省できたのは3月に入ってからのこと。本当はそんな時間もなかったのだが、親孝行のつもりで顔を見せに1泊だけ帰ったのだった。

久しぶりに父と向かい合って食べる夕食。話題は自然と、ミナミの就職活動のことに及んでいった。

グラスに注がれたビールを口にしながら、隆司が話しかける。

「まあ、なんだ。もし就活ってのがうまくいかなくても、とりあえずミナミには帰る家があって、寝る場所には困らないんだから、安心して、どーんといこうや」

不器用な父なりの精いっぱいの励ましに、ミナミもクスっと笑いつつ、じんわりとうれしさがこみ上げてくる。だが、慌てて気を引き締めた。

「だめだめ、お父さん、娘を甘やかしちゃ。就活は厳しいんだから、『仕事してない奴は、うちに帰ってくるな!』ぐらい言っといてよ。私も、人生の勝負に出るんだから!」

「お、その意気だ、その意気」

隆司はミナミの反応に、満足そうに微笑んだ。自立心の強い娘の性格を、意外とわかっているのかもしれない。

「それで、どんな会社を受けようと思っているんだ?」

「うーん。まだ、なんとなくだけどね」

そこまで言って、グラスのビールを一口飲んで喉を潤すと、ミナミは続けた。

「去年からインターンに行かせてもらってる会社が、物流のシステムをつくる会社なんだ。その仕事がすっごく楽しそうだから、まずは物流業界で……」

「物流？」

隆司の怪訝そうな声がミナミの話をさえぎった。

「あれ、どうかしたの？」

「やめとけ、やめとけ、物流は」

手にしていたグラスをテーブルに置くと、隆司はミナミの顔をまじまじと眺めた。

「あ、そうか。お父さん、トラック運転してた、大変だったときのこと思い出したの？だったら違う……」

「同じだよ。同じ」

そう言い放つと、隆司は口を真一文字に閉じてうつむいた。

しばしの沈黙があったのち、隆司がぽつりと話し始めた。

「母さんが亡くなった日のこと、覚えてるよな？」

もちろん、ミナミにとって忘れられるはずもない記憶だった。

「俺はあの日、本当は休みだったんだ。だけどあの夏はカツオが大漁で、運んでも運んでも、冷凍トラックのドライバーが足りない状態だった。荷主から頼まれたら、運送会社はイヤとは言えないよ。『青山ちゃん、ドライバー足りないんだ。頼むよ』なんて社長に言われて、仕方ねえな……とか言いながら出勤したら、それが母さんとの、一生の別れさ」

隆司の目には、うっすらと涙が浮かんでいた。

「なんであの日、休まなかったのか？　いまでも夢に見る。馬鹿正直に東北まで行って魚を積んで、夜通し運んで、築地の市場に届ける。飯食う暇もなければ、トイレに行く時間もなく運転して荷物届けても、誰もかれもそれが当たり前だと思ってんだ。それが世の中だよ。コンピューターだかシステムだか、難しいことは俺はわからないけど。俺たちドライバーだけじゃなくて、社長だって、センターの所長だって、物流の人間はみんな同じように大変なんだ。毎日毎日、とにかく時間に追われながら、頑張って間に合わせるのが当たり前の仕事だ。だから、ミナミにはもっとラクな仕事、自分の生活や人生を楽しむ余裕がある仕事に就いてほしいんだよ」

「わかる。いや、私にはそのつらさはわからないかもしれないけど、でもわかるつもり」

ミナミも、やや涙声になっていた。

「私はこの間、インターン先の先輩と一緒に、ある物流センターの所長への商談に行かせてもらったんだ。その所長はお父さんみたいに、長い間、一生懸命働いて、荷主さんとかからの無理難題も全部引き受けて、荷物を運び続けてきた人だった。その物流センターに、新しいシステムを提案しに行ったんだ。そのシステムを入れれば、大変な仕事はロボットがやってくれるようになって楽になる。だから私、所長さんがすぐオッケーしてくれると思ってたけど、大反対されたんだ」

ミナミは、交渉に臨む果穂の凛とした姿を思い出しながら、再び言葉を絞り出す。

「所長さんにも、いままでやってきた仕事に対するプライドがあったんだと思う。でも先輩は、そのプライドを認めたうえで、いままで大変な思いをしてきた物流の人たちだからこそ、これからはもっと自分たちを大事にする働き方ができるんじゃないか——。そう、語りかけたんだよね。私、あのとき、お父さんのこと思い出したよ」

幼い日、父のトラックに乗せてもらったときのワクワクした気持ちも、ミナミはよく覚えていた。

「お父さんがトラックで運んでいたのは、単なる荷物じゃなかったんだよね。家族みんなで囲む食卓に並ぶ美味しい料理だったり、みんなの暮らしを支えてくれたり、忘れられない人生の思い出になったり、どれもこれも、届けなくていいものなんか、ひとつもなかったんだ。これから世の中がどれだけ変わろうとも、待っている人のところに、ものを届ける仕事の価値は、変わらないと思う。私も、その先輩や、お父さんみたいに、世の中にとって大事な大事な仕事に就けるように頑張るつもりだから、応援してね！」

ミナミは自分の両手を、父の手にそっと重ねていた。

「『美味しいお魚、届けてあげてね。みんな待ってるよ』――あの日、母さんはそう言って、俺のことを送り出してくれたんだ……」

隆司は、すっきりとした表情で言った。

「お母さんは、ずっと前からわかってくれてたんだよ。お父さんの仕事が、どれだけ大事なのかって。知らないのは、私だけだったのかもね。さっ、せっかくのビール、飲み直そう！」

父と娘は、その日初めての乾杯をした。

◆22

青く晴れ上がった5月の空が眼前に広がる。

都心の赤坂一丁目に建てられた最新鋭のインテリジェントビル。最上階の38階で、ミナミは最終役員面接に臨んでいた。１２０カ国以上の企業を顧客にもつ、世界最大級のコンサルティング会社〈アーキス・コンサルティング〉の日本法人オフィスである。文系学生からの就職企業人気ランキングではここ数年トップ3から落ちたことがない会社だ。

ミナミの就職活動にも様々なドラマがあったが、それもいまや大詰めを迎えようとしていた。

エントリーシートは20枚以上書いただろうか。提出日が重なって徹夜したことも2回あった。いまどき半数近くが手書き提出を求められたのもミナミには信じられなかったが、社会人になるとはそういう理不尽を受け止めることなのだと自分に言い聞かせてペンを走らせた。「自己PR」「学生時代に最も打ち込んだこと」「志望動機」という言葉はもう見たくない。

筆記試験、グループディスカッション、そして面接。この3カ月あまり、スマホのカレンダーにはそんな文字が並んだ。大好きだった池袋のNOBのバイトにも満足に入れない日々が続いたので、課長に昇進した父が仕送りを増やしてくれたのは助かった。内定が決まったら何かプレゼントを贈ろう――ミナミはそう決めていた。

興味をもった物流業界の他、コンサルティング、金融、メーカー、ITなどなど、就活という立場からでも様々な企業の様子が垣間見えるのは、好奇心旺盛なミナミにとって、つらくとも楽しい時間でもあった。

ミナミにとって、最後に残ったのはふたつの会社だった。

いま最終面接とは名ばかりの意思確認を行っている最中の、従業員数約1万5000人の、世界的コンサルティング企業の日本法人。もうひとつは、前日に社長面接を終えた、従業員数100人にも満たない、物流システム構築やコンサルティングを行う会社。

「それでは面接を終わります。おつかれさまでした。明日のご連絡をお待ちください」

見晴らしの良い会議室でスムーズに進行した最終面接は終了し、ミナミは席を立って一礼する。わずか15分という短い時間だった。

豪華なインテリジェントビルを出て、ミナミは大きく深呼吸する。脳裏には昨日の社長面接のときのことがよみがえっていた。南青山のオフィスで行われた社長面接は1時間近くにも及んだだろうか。

〈私の父は、トラックドライバーとして長年働き、家族を養ってくれました。でも、つらい出来事があって、プライドをもってやってきた仕事をやめてしまいました。物流業界で働く方々に、長く楽しく働いてもらえる環境をつくっていきたい。そんな仕事が御社ではできるのではないかと思いました〉

〈モノが届かなければ、私たちは生活ができないし、日々の楽しみも半減してしまう。コロナになって、そのことをより一層強く実感しました。物流という仕事は、人々の幸せを支える仕事ではないかと考えています〉

〈御社で働いているゼミの先輩に接して、厳しさのなかにこそ仕事の楽しみがあるのだと、教えていただきました。それは人生全般につながる教訓だと受け止めています〉

そんなことを言ったのを思い出し、ミナミは少し恥ずかしくなる。だが、未熟ながらも真剣なミナミの言葉を、その社長も真正面から受け止めてくれたようだった。

同じゼミ生のアタルは、物流の「ラストワンマイル」を解決するアイデアで、クラウドファンディングによる資金集めを試みたが、目標金額には届かなかった。秋山の助言もあり、就活でそのビジネスプランを説明しながら自己PRする作戦に方向転換。社長がアイデアを面白がってくれたテック系のベンチャー企業に内定が決まった。いずれ独立も後押ししてくれるという。

ルームメイトのユキは、AIやロボットの研究をしたいという夢に向けて、秋の大学院入試に向けて猛勉強中だ。ディープラーニング（深層学習）の分野でトップクラスの国立大学大学院を狙っている。ユキが言うには「簡単に遠隔操作ができて、自分の身代わりになって働いたり、なんでもできるロボット」を作りたいのだそうだ。ミナミには想像がつかない突拍子のないアイデアだと思ったが、ユキのことだから、あっさりやってのけてしまうかもしれない。

友人たちのことを思い出していると、ミナミのスマホが鳴った。画面には〈ディーヴァ・ロジスティクス人事部〉との文字が浮かび上がる。人差し指でスワイプして、電話に出る。

「はい、青山です。昨日はありがとうございました」

電話口からは、昨日の社長面接に同席した人事部長の、ほがらかな声が聞こえてきた。

「こちらこそ、お世話になりました。青山さんを採用することに内定いたしました。あなたには期待していますから、ぜひうちの会社でいい仕事をしてください。つきましては、入社を承諾していただけるのであれば、今後の手続きなどをご説明しますので、来週の月曜日、またわが社に来ていただけますか？」

ミナミは一段と大きな声で答えた。

「はい、ありがとうございます！」

思わず、誰もいない歩道に向かって頭を下げてしまう。電話口で人事部長が続けた。

「そうそう、北川果穂さんも、あなたに内定が出たことを大変喜んでいましたよ。ぜひ、連絡してあげてください」

「わかりました！　これからよろしくお願いします！」

通話が終わると、さっそくメッセンジャーアプリから果穂にメッセージを送る。

すぐに返信がきた。

〈やったね！　おめでとう〜。一緒に働けるなんてうれしい。早速お祝いしよ〉

ミナミが返信しようとしていると、もう一通、果穂からメッセージが届いた。

〈でも、アーキスの最終に残ってるってことは、内定出てるも同然でしょ……。そっちはどうするの？〉

すぐさまミナミはメッセージを打つ。

〈決まってるじゃないですか！　私はけっこう一途なんですよ〜。お祝いありがとうございます！　お店どこにしましょうか？　あ、ユキも呼んでいいですか？〉

送信して、ほっと一息ついたミナミは、ふと頭上の青空に目を向けた。高層ビルの窓から眺めるよりも、自分の足で地面に立って見上げる空のほうが、とても広く青く感じられた。

［解説］

規格化・標準化が次の課題

自動化と省人化が進行している物流業界ですが、次の課題として挙げられるのは「規格化」「標準化」になると考えられます。なぜならば、規格化・標準化が進まないことには、自動化・省人化の進展もある程度のところで頭打ちになってしまう可能性が高いからです。

サプライチェーンの上流側、つまりメーカーの工場やそこに近い段階の物流は、現在でも比較的、自動化が進んでいます。上流側では、基本的に商品はパレットにダンボールが載った状態で管理されています。このように商品の形状のパターンが決まっていて、扱う品目数が限られている状態は、ロボットが作業しやすく自動化も容易なのです。

しかし、サプライチェーンの下流側である小売店や、消費者の手元に届けるという段階になると、販売方法も商品の形状も千差万別になってしまいます。こうなるとロボットによる自動化が困難になりますので、人力に頼らざるを得ません。自動化がなかなか進まないのは、サプライチェーンの下流における商品形状の多様化も大きな原因なのです。

規格化や標準化は、物流企業単体で実現できるものではありません。業界の垣根を越えて、メーカーや小売と一体になってサプライチェーン全体の改革に乗り出す必要があります。飲料水の500ミリのペットボトルが、メーカーや商品によっていまのように多種多様な形状である必要は、本当にあるでしょうか？　バラバラの大きさや形になっている商品の形状を、いくつかのパターンに収束させるだけでも、ロボットがつかみやすくなり自動化は促進されます。

ユニクロ（ファーストリテイリング）が全世界の倉庫の自動化を進めていることを第5章でも取り上げましたが、それは、製造・流通・販売まですべての工程を自社で賄っているからこそ自動化が可能だともいえます。

規格化や標準化が進めば、物流業界は従来の労働集約型から、より装置産業の色合いが濃い業界へと変化していくでしょう。そのためには、企業間での「ばらつき」をいかに解消するかが焦点になります。その旗振り役は誰なのか。国なのかもしれませんし、アマゾンなどの巨大物流企業なのかもしれません。いずれにしても、企業の枠を越えて全体最適を志向できる人材の存在は不可欠になってくるでしょう。

高度物流人材はどこにいる？

あらゆる企業や業界において、生産や市場のグローバル化と、それに伴うサプライチェーンの高度化が進んでおり、ロジスティクスの重要性は一段と高まっています。

そこで求められるのは、ロジスティクスの担い手である人材の育成です。現在、「高度物流人材」の育成に、官民あげて取り組む動きが出てきました。

高度物流人材とは、「全体の視点から物流の効率化と高付加価値化を図るための企画・提案ができる人材」（国土交通政策研究所）と位置づけられています。もう少しかみ砕いた表現をすれば、「ロジカル（論理的）に物事を整理できる人」といえるかもしれません。

従来の物流業界のイメージにありがちだった、人海戦術や根性論で長時間労働をして納期に間に合わせる、というマネジメントではないのは当然です。また、ロボットやＡＩ、ビッグデータやＩｏＴといった最先端技術への知識も必須といえます。

しかし、それだけでは不十分です。現代のロジスティクスは、生産―流通―販売にいたる全体の流れを俯瞰し、経営戦略に基づいて最適化することが求められています。個別のテクノロジーに関する知識よりも、それらを全体の中でどう配置して活用するかを考えられる人材が必要なのです。全体のグランドデザインさえ描ければ、個別のパートは専門家に委託すればよいのです。

ＤＸ化に伴う新しい技術を全体最適で配置し、複数の企業にまたがってオーケストレーション（組織化）できる人材が、いま物流業界に求められているのです。

高度物流人材の育成には、経営やマネジメントといった「文系」の要素と、テクノロジーという「理系」の要素を兼ね備えた教育、いわば「文理融合」のカリキュラムが必要になるのです。しかし現在、物流やサプライチェーン分野に特化した学部・学科・コース等がある大学および高等教育機関は日本全国でわずか7校しかありません（東京大学、東京海洋大学、神戸大学、流通経済大学、大阪産業大学、関西大学、広島商船高専）。一方、アメリカでは物流・サプライチェーン分野に関する学部・学科・コース等が多く存在しています。有力校ランキングとして確認できる大学だけでも、物流・サプライチェーン分野の専門プログラムが約50存在しているのです（国土交通省の資料より）。

今後の物流業界を担う高度物流人材を確保するためには、企業と大学が連携し合い、文理融合の視点からの人材育成がより一層求められていくでしょう。

AIで人間の仕事はなくなるのか

２０１４年、イギリスのオックスフォード大学のマイケル・オズボーン准教授らが発表した論文「雇用の未来——コンピューター化によって仕事は失われるのか」は、日本社会にも大きな衝撃を与えました。同論文によれば、20年後までに人類の仕事の約50％が、ＡＩや機械によって代替され消滅すると予測されていたからです。
第6章でふれた通り、物流業界のトレンドも自動化と省人化です。それでは、物流業界においても人間の仕事はなくなってしまうのでしょうか?

答えはイエスでもあり、ノーでもあります。それは今後、物流業界で働く人たちのポジションは、次の3つに分類されていくと思われるからです。

①AIやロボットを使う側の人
②AIやロボットと同じレイヤー(階層)で、人間にしかできない細かい作業をする人
③AIやロボットに代替されて仕事を失う人

それぞれを簡単に説明します。まず①の「AIやロボットを使う側の人」とは、まさに先述の高度物流人材がこれに該当するでしょう。経営戦略とロジスティクスを結びつけて、全体最適の中にAIやロボットを位置づけていく意思決定は、人間にしかできません。

②の「AIやロボットと同じレイヤーで、人間にしかできない細かい作業をする人」も、物流業界には必要です。ここには「AIの指示に従って作業する人」も含まれます。ロボットの技術が発達しても、人間にしかできない細かい作業は残ります。例えば、返品された商品が再販可能かを判断する「検品」や、消費者のオーダー通りに修正する「お直し」といった作業は、まだまだ人間の手が必要です。また、人間とロボットが共同作業することで、こ

れまで5人必要だった作業が1人で済むようになり、省人化と生産性向上が見込めるのです。問題は③の「AIやロボットに代替されて仕事を失う人」の存在です。物流への24時間365日稼働というニーズが高まれば、労働力を人間からロボットに代替させるしか解決方法はありません。また、重い荷物を運ぶという単純作業であれば、人間にそのようなきつい仕事をさせなくても、ロボットに代替させたほうが労働環境改善にもなるのです。

物流業界は長らく人手不足の状況が続いていました。そのため繁忙期には短期間だけ非正規雇用の労働者を入れて乗り切る、という人海戦術がとられてきたわけです。短期間だけ働く人は、非熟練の単純作業を行っていました。今後、そうした作業はロボットが代替するようになるでしょう。

一方で、長く物流業界で働いてきた人にとっては、きつい作業はロボットが代替してくれるおかげで、人間は前述の①や②のような、より高度な仕事をする選択肢ができたとも捉えられるわけです。労働環境が改善し、生産性が向上して働く人の給料も上げていけるなら、長期的には物流業界全体の底上げになるのではないでしょうか。

物流業界は「ブルーオーシャン」

「はじめに」の項目でも述べた通り、現在の物流は、AI、ロボット、ドローン、ビッグデータ、IoTなど、第4次産業革命（インダストリー4・0）を象徴する技術群によって、大変革が起きている真っ最中です。

ところが世間一般の物流に対するイメージは、重い荷物を汗をかいて運び、納期に追われて長時間労働をするといった、アナログかつ大変な現場仕事であるという状態のまま、時間が止まっている印象を受けます。

もちろん、そうやって汗を流して現場で荷物を運んでくださっている方々がいたからこそ、頼んだ商品が指定された期日に届くという、日本のハイレベルな物流が実現しているのは事実です。そうした良き伝統を受け継ぎながら、第4次産業革命の技術を用いて飛躍的に効率化しつつある物流の大転換が、まさに現在進行形で起きています。

そのように考えていったとき、能力のある人材であれば物流業界はまさに「ブルーオーシャン（競争のない未開拓市場）」であり、活躍の舞台が無限に広がっているといえるでしょう。

特に、理系でロボットやAI、ビッグデータやIoTといった研究分野を履修した学生にとっては、大いに力を発揮できる舞台ではないでしょうか。もちろん、文系で経営学を修めた学生にとっても、経営戦略に直結するロジスティクスの知識は、今後、あらゆる業界で必須になってくるはずです。

アメリカでは、物流・サプライチェーン分野の経営幹部ポスト（CLO = Chief Logistics Officer）などを設ける企業も増えています。物流やサプライチェーン部門の経験・知見を有することは経営幹部に昇格するための重要なキャリアと認識されており、例えば、大手小売業のウォルマートでは物流部門経験が社長就任の必須条件となっているのです。

一方、日本ではまだそこまで重要視されているとはいえません。役員情報を開示している日本の上場企業3774社中、役員の役職名に「物流」「ロジスティクス」「サプライチェーン」が含まれている企業数は100社113人だけであり、そのうち代表権をもつ代表取締役はわずか9人と、非常に少ない段階です。また、多くの役員が物流部門の専任ではなく、営業・生産・調達・情報システムなどといった他部門との兼任となっているのが実情です（国土交通省の資料より）。

ロジスティクスがもつ可能性に気づき、行動し始めている企業や個人がまだまだ少ないいまだからこそ、先駆者にとってはまさにブルーオーシャンが広がっているのです。

ロジスティクスの舞台は無限に広がる

未来のロジスティクスは、どのような姿になっているでしょうか。

消費者の立場からいえば、「『いつでも』『どこでも』モノが受け取れる時代」に向かっていくことでしょう。

われわれが普段持ち歩いているスマートフォン、あるいは今後実用化されてくるであろうウェアラブルコンピューターなどの端末と、配送業者側のシステムが連携して、ドローンなどの無人配達機がその人のいる場所に届ける。それは、自宅や職場である必要はありません。外出先のカフェでもいいし、街中を歩いているところでもいいでしょう。

消費者が「欲しい」と思った瞬間に、スマホから注文すれば、数分〜数十分後には手元に商品が届いている。そんな光景は、そう遠くない未来に実現しそうです。

ロジスティクスが進化していけば、いま街中にあるような店舗のほとんどは役割を終えるでしょう。残っていくのは、消費者がその店舗で何らかの体験をできるような施設、つまりモノを消費するだけでなく、「コト消費」ができる店舗に限られるかもしれません。

また、人間の活動領域が広がっていけば、そこには何らかのモノを運ぶ必要があります。

仮定の話ではありますが、月や火星といった宇宙空間に人間の活動範囲や生息範囲が広がっていけば、そこにも物流網を構築する必要があります。現にNASA（アメリカ航空宇宙局）は2014年から19年にかけて、火星居住用住宅の設計開発のコンペを開催していました。材料は現地調達して、3Dプリンターで造るという条件です。2015年のコンペでは、建築家の曽野正之氏・曽野祐子氏らの共同研究チームが、火星の地下氷を壁材に用いる「マーズ・アイスハウス」という独創的なアイデアで1位に輝き話題となりました。曽野氏らとNASAとの火星住居に関する共同研究は現在も継続中です。

システム的な視点でいえば、現在行われている物流と、宇宙にモノを届ける物流とで、大きな差はありません。しかし、フィジカルなモノをどう届けるかは、最後まで課題として残るでしょう。完成されたモノを運ぶのではなく、届け先の3Dプリンターにデータを送信して現地で出力し立体造形するとしても、そこで用いる原材料はどう調達するのか、という問題は最後まで残るのです。

このように、未来の人類がどのような活動ができるか、そしてどのような社会を築けるのかは、ロジスティクスの進展にかかっているともいえます。今後、ロジスティクスと、その担い手である人材の重要性はさらに増していくことは間違いありません。

エピローグ　2050年——宇宙へモノを運ぶ時代

◆23

［ストーリー］ミナミ、月へ旅立つ

2050年の、ある夏の日の朝。スコットランド最大の都市グラスゴーにあるマンションの一室。

ミナミが目覚めると、頭の後ろのほうから声が聞こえてきた。

「おはようございます。いつもより起床時間が遅いようですね。お疲れではないですか？」

声の主は、耳の後ろに埋め込まれた〈スマートチップ〉のAIだ。

かつて〈携帯電話〉〈スマートフォン〉などと呼ばれていたデバイスは、いまや超小型ICチップにすべての機能が内包され、身体に埋め込んで使用するのが一般的になった。スマートチップの操作は脳波で行うことができるし、空間にディスプレイを投影して画面上で動かしてもよい。そして、スマートチップのAIは自律的にオーナーの状況を察知して、周囲の家電やロボットに必要な指示を出してくれる。

「大丈夫よ。ありがとう。朝ごはん、久しぶりに日本食がいいな」

ミナミが返事をすると、スマートチップから了承した旨のサインが出た。ダイニングから音が聞こえてくる。いまや一家に一台が当たり前になった〈３Ｄフードプリンター〉が、大豆とケールなどをベースにしたヘルシーな粉末状の食材などから、複雑な形状の料理を再現、〝出力〟する。焼く、蒸す、煮るなどといった様々な調理法にも対応しており、できあがった料理は香りや食感も楽しめるし、もちろん美味しい。

ディーヴァ・ロジスティクスは、物流に対する消費者の需要が多様化していったこの30年間で、飛躍的に成長を遂げていた。いまや世界10カ所に支社を展開している。ミナミは２年前から、グラスゴーにある欧州支社のＣＥＯ（最高経営責任者）を務めていた。昨晩は遅くまで東京本社とオンライン会議をしていたので、やや寝不足気味である。スマートチップはオーナーの体温から血圧、血中酸素濃度などあらゆる健康情報を収集しているので、ごまかしがきかないのだ。

食卓に行くと、３Ｄフードプリンターが作ってくれた、ご飯、味噌汁、納豆、卵焼き、海苔という、子どもの頃に食べた懐かしい日本の朝食が並んでいた。

スマートチップの声が聞こえる。

「今日から、月への出張ですからね。体調を整える栄養素も入れておきました」

「ありがとう、助かるわ〜」

本来ならいちいち声を出して返事をする必要もないのだが、おしゃべり好きなミナミは、どうしてもその癖が抜けなかった。

朝食を終えてクローゼットに向かう。中の空間はがらんとしていて、明るいベージュのパンツスーツが1着だけかかっていた。その日に着る服は、毎朝届けられて、自動的にクローゼットに準備される。着終わった服は専用のデポに出しておけば、ロボットが回収しクリーニングされ、次に着る時まで保管されている。部屋に何着も服をため込む必要もない。服だけではなく、その他に必要な日用品も、必要な時に、必要な分だけ、自動運転車やドローン、そして配送ロボットに届けてもらえる。

いまミナミが手掛けているのは、国際協力で推進されている月面での居住空間設営プロジェクトに伴う、地球と月とを結ぶロジスティクス網の構築だ。ほとんどの仕事はオンライン上で完結するようになったいまでも、人が生活するとなると、そこに必要なモノをどう供給するかという問題は残ってくるのだ。

月面にはすでに大規模なステーションが建設され、プロジェクトに携わる政府や企業の関係者たちが先行して滞在している。居住空間の建設は、遠隔操作で動かせる建設ロボットによってハイペースで進行中だ。月面で活躍する日本製の高性能な建設ロボットの開発リーダーは、学生時代のルームメイトだったユキである。

ミナミがディーヴァ・ロジスティクスに入社するきっかけとなった先輩の果穂も、1年前から月面のステーションに滞在している。彼女は数年前に、宇宙とロジスティクスをテーマにした政府のプロジェクトチームの委員を務めたことがきっかけで、国の宇宙開発庁の審議官に抜擢された。実質ナンバーツーのポジションに民間から任命されるのは異例の人事だったが、果穂の力量を誰よりも知るミナミにとっては、何ら驚きはなかった。もう同じ会社で働けないことに少しの寂しさはあったが……。

同じゼミだったアタルは、新卒で入社したテック系のベンチャー企業で何年か働いたのち、かねてからの希望通り独立、起業した。現在はビッグデータの解析や処理を主に扱うIT企業を経営している。地域内における宅配の出荷量と着荷量のデータを蓄積し、それをもとに将来の需要を予測して物流企業に提供する事業も行っている。

月に出張することを、久しぶりに恩師の秋山にもメールで伝えておいた。昨晩とどいていた返信には、最近ハマっていたレトロ建築の良さをSNSで発信していたところ、それを目にした若手建築家のグループと交流するようになり、宇宙都市のまちづくりにレトロ建築のアイデアを取り入れる活動をしているNPOで、エグゼクティブプロデューサーにまつり上げられてしまったのだとか。

（人生120年時代だからね、秋山先生もまだまだ活躍しそうだわ）

ミナミはそう感心しながら、月に着いたら果穂とのツーショット写真を秋山に送ってあげようと思っていた。

マンション前に迎えに来た自動運転のパーソナルモビリティ（1人乗り電気自動車）に、ミナミは手ぶらで乗り込む。月への出張とはいえ、手荷物は必要ない。月と地球を行き来する宇宙船の定期便がすでに運航を開始しており、必要なモノは届けてもらえる。仕事で必要なデータはスマートチップに入っているから、現地のオフィスで端末に接続して取り出せばいいだけだ。

もっとも現段階では、月と地球とのヒトやモノの往来はごく少数に限定されている。近い将来、もっとたくさんの人々が月面に定住するようになっても、生活に不自由しないロジスティクスのシステムを構築するのが、ミナミのこれからの仕事になるだろう。

グラスゴー大聖堂やジョージ・スクエアといった歴史的な建築がならぶ街並みを抜け、郊外へ出た。完全自動運転のパーソナルモビリティがスピードを上げる。海のそばにあるスペース飛行場まで、もうすぐだ。

ミナミは車内にスマートチップの画面を映し出し、メッセンジャーアプリを開く。

〈果穂さん、いまから地球を出ます！　1年ぶりですね。積もる話もあるので、早く飲みたいです〉

送信してから、ミナミの口元には笑みが浮かんだ。

〈出会って30年も経つのに、いつも同じようなメッセージだな。それにしても、月にまで行ってもビールが飲める世界って、すごいな。ちゃんと誰かが運んでくれてるんだもんね。お父さんみたいな人たちが普通に月に行ってお酒を飲めるように、頑張らなくっちゃ！〉

日本で待っている父の顔を思い出した。父の隆司がトラックドライバーをしていたころとは、物流のかたちは大きく変わったが、それでも変わらないものがある。

しばらくして、果穂からの返信が届いた。

〈待ってます！　月面で乾杯！　だね〉

どれほどテクノロジーが発達し、ロジスティクスの舞台が宇宙に広がったとしても、モノを人に届けることの価値は変わらない。いつだって、待っている人がいるから、そこにモノを届ける。そのために、汗を流し、知恵を絞り、想いを込める、物流のプロたちがいる。

そんな人たちがいる限り、人類の未来は明るいと、ミナミは信じているのだ。

おわりに

フレッシュな好奇心と行動力をもつミナミと一緒に、ロジスティクスの未来を眺める旅は、お楽しみいただけたでしょうか？

最後は勢いあまって宇宙にまで飛び出してしまいましたが、このストーリーは夢物語ではありません。30年後といわず、もっと近い将来に実現している可能性もあります。それほど、ロジスティクスの世界には劇的な変化が起きているのです。

本書を結ぶにあたり、ロジスティクスの未来、ならびに経済や社会のこれからを考えるうえで、道標となるキーワードに触れておきましょう。

それは、「共創（Co-Creation）」という言葉です。

異なる立場の個人や企業が共に力を合わせて、新たな商品やサービス、価値観を創り出していくという意味です。「Make（作る）」ではなく、「Create（創造する）」という単語を用いているのがポイントです。これまでの世界に存在しなかったものを創り出していくためには、企業や業界の狭い枠をお互いに乗り越えて、より大きな目的のために手を携えていく。

その過程で、技術やアイデアの相互交流が生まれ、新たなイノベーション（技術革新）へとつながっていくのです。

そして、「共創」する社会の要にあるのが、ロジスティクスです。

ロジスティクスは、モノの流れを通して、企業と企業、生産者と消費者を結んでいます。企業だけでなく消費者も、ロジスティクスのことを「共に考え、共に創る」という意識をもっていく。そうすることで、ムダな生産、ムダな配送、ムダな在庫保管の削減ができ、持続可能な社会を実現するための一歩となるでしょう。自動化・省人化・標準化といったトレンドも、「共創」によって今後はさらに加速していくはずです。

未来の世界で、人間の活動する空間がたとえ宇宙にまで広がったとしても、そこで人間が生活する限り、その場所にモノを運ぶ重要性は変わりません。人々の暮らしを支えるロジスティクスの舞台は、無限に広がっていくのです。

本書を通じて、「縁の下の力持ち」から「大いなる可能性を秘めたフロンティア」へとダイナミックに変貌しつつある物流・ロジスティクスの魅力を少しでも感じてもらえたならば、これ以上の喜びはありません。

最後に、日々、お客様へのシステム導入、コンサルティングサービスに尽力してくれている社員の皆さん、また、本書企画から校正までサポートしてくれた経営企画室メンバーに、あらためて感謝の意を表わしたいと思います。

もしも、もしも、もしも、「面白かった」「物流・ロジスティクスに興味をもった」という方が多数おられたら、調子に乗ってシリーズ化を検討します。

２０２１年10月

株式会社フレームワークス　代表取締役社長ＣＥＯ　秋葉淳一

著者プロフィール

秋葉淳一　あきば・じゅんいち

新卒で大手鉄鋼メーカー系のゼネコンに入社、制御用コンピューター開発と生産管理システムの構築に従事。その後、多くの企業のSCMシステムの構築とそれに伴うビジネスプロセス・リエンジニアリング（BPR）のコンサルティングを担当。現在は、株式会社フレームワークス代表取締役社長CEOをはじめ、大和ハウスグループの複数企業で代表取締役、取締役を務める傍ら、学習院大学、金沢工業大学虎ノ門大学院、流通経済大学で教鞭をとる。また、日本ロジスティクスシステム協会の講師、各種専門委員として、ロジスティクス人材の育成にも力を注ぐ。「ロジスティクスのイノベーションが持続可能な社会を創る」を信念に、企業や業界の枠組みを越え、標準化やSDGsに繋がる「共創」の取り組みを発展させるべく、日々奔走中。

藁科譲　わらしな・ゆずる

新卒で独立系システムインテグレーターに入社、ソリューション営業を経験後、2000年株式会社フレームワークスに入社。常務取締役。WMS黎明期から営業・マーケティング活動とともに物流現場のデジタル化普及活動に従事。昨今の急速に広がるロジスティクスDX化の潮流に、市場成長への期待と業界発展への夢を膨らませながら、日々の業務に邁進中。

水野博之　みずの・ひろゆき

人材派遣、物流センター運営、物流子会社の事業譲渡などの経験を経て、2015年株式会社フレームワークスに入社。執行役員。システム導入支援に限らず、物流拠点再編、倉庫内設計、自動化推進など、ロジスティクスにおける課題解決支援に幅広く携わる。物流業界で頑張っている方々に少しでも貢献したい一心で、奮闘中。

村松靖　むらまつ・やすし

2002年株式会社フレームワークスに入社。執行役員。入社以来一貫してWMS／コンサルティングサービスの営業に従事。2005年某紳士服大手企業の改善事例が全日本物流改善事例大会 優秀事例賞を受賞。営業およびシステムエンジニアチームのマネジメント、営業戦略立案に携わりながら、業界問わず様々なお客様のロジスティクス課題と向き合い、精励中。

ミライへつなぐロジスティクス

ミナミと学《まな》ぶ持続可能《じぞくかのう》な世界《せかい》

2021年12月18日　初版第1刷

著　者　秋葉《あきば》淳一《じゅんいち》
藁科《わらしな》譲《ゆずる》
水野《みずの》博之《ひろゆき》
村松《むらまつ》靖《やすし》

発行人　松崎義行

発　行　みらいパブリッシング
〒166-0003 東京都杉並区高円寺南4-26-12 福丸ビル6階
TEL 03-5913-8611　FAX 03-5913-8011
https://miraipub.jp　MAIL info@miraipub.jp

編　集　水木康文

ブックデザイン　洪十六

発　売　星雲社（共同出版社・流通責任出版社）
〒112-0005 東京都文京区水道1-3-30
TEL 03-3868-3275　FAX 03-3868-6588

印刷・製本　株式会社上野印刷所

ISBN978-4-434-29762-5 C0033